Daniela Clément

111 Orte für Kinder in Hamburg, die man gesehen haben muss

111

emons:

Bibliografische Information der Deutschen Nationalbibliothek
Die Deutsche Nationalbibliothek verzeichnet diese Publikation
in der Deutschen Nationalbibliografie; detaillierte bibliografische
Daten sind im Internet über http://dnb.d-nb.de abrufbar.

© Emons Verlag GmbH
Alle Rechte vorbehalten
© der Fotografien: Daniela Clément, außer: siehe Seite 240
© der Icons im Innenteil: S. 16, 52, 96, 160: shutterstock.com/Ken StockPhoto;
S. 24, 170: shutterstock.com/Stock Up; S. 60, 230: shutterstock.com/
Henrik Larsson; S. 76: shutterstock.com/Dionisvera;
S. 112, 214: shutterstock.com/JIANG HONGYAN;
S. 124: shutterstock.com/nelik; S. 182: shutterstock.com/stockphoto-graf,
Icons allgemein: shutterstock.com/mhatzapa; shutterstock.com/TashaNatasha
Covermotive: shutterstock.com/Ikonoklast Fotografie; shutterstock.com/S. Kuelcue;
shutterstock.com/TashaNatasha; shutterstock.com/computerman;
shutterstock.com/satit sewtiw; fotolia.com/uweheinrich
Layout: Eva Kraskes und Franziska Emons-Hausen,
nach einem Konzept von Lübbeke | Naumann | Thoben und Nina Schäfer
Kartografie: altancicek.design, www.altancicek.de
Kartenbasisinformationen aus Openstreetmap,
© OpenStreetMap-Mitwirkende, ODbL
Druck und Bindung: CPI – Clausen & Bosse, Leck
Printed in Germany 2018
ISBN 978-3-7408-0334-6
Originalausgabe

Unser Newsletter informiert Sie
regelmäßig über Neues von emons:
Kostenlos bestellen unter
www.emons-verlag.de

VORWORT

»Mit Kind ändert sich alles?« Vielleicht stimmt das nicht, sicher aber ändert sich der Blick auf alles. Auch auf die eigene Stadt. Plötzlich wählen wir Eltern den Supermarkt nicht mehr nach dem Angebot, sondern danach, wo Kinder mit dem Laufrad hinfahren können. Restaurants müssen nicht mehr stylish sein, sondern eine Spielecke bieten. Samstags treffen wir uns nicht zum Chillen, sondern zur Radtour durchs Naturschutzgebiet. Das Beste daran: Was pragmatisch klingt, steckt voller Poesie. Weil das Leben auf diese Art voll ist mit wunderschönen gemeinsamen Unternehmungen. Und weil so auch die Erwachsenen ihre Welt noch mal ganz neu entdecken.

Plötzlich fühlt sich die altbekannte Heimatstadt an wie ein neuer, unentdeckter Ort voller spannender Ecken. Genau die haben wir für diesen Cityguide aufgespürt. Wir fanden 111 Hamburger Orte, die nicht (nur) für Touristen gemacht sind, sondern echt, pur und hanseatisch in der Stadt liegen, um von Kindern entdeckt zu werden. Überraschung: Selbst Wahrzeichen, die man zu kennen glaubte, sind auf kurzen Beinen manchmal ganz anders. Wir wünschen viel Vergnügen mit 111 Abenteuern – längst nicht nur für Kinder.

111 ORTE

1_DAS ACHTERBAHNRESTAURANT
SCHWERELOS
Abgefahrenes Essen

Kulinarischer Höhenflug? Das Schlagwort muss man im Achterbahnrestaurant wörtlich nehmen. Die Location: ein alter Speicher im Harburger Binnenhafen, top renoviert und verwandelt in ein Restaurant, durch das von der Decke bis zu jedem Tisch kurvige Schienen laufen. Auf ihnen fährt das Essen – ta-daaah! – aus schwindelerregender Höhe bis an den Tisch. Das erinnert tatsächlich an eine Achterbahn!

Und für Kinder ist das hoch spannend. Über 400 Meter Metallschienen wurden hier verbaut, auf ihnen saust das Essen in kleinen Töpfen von der fünf Meter hohen Decke bis runter zum Tisch. Geordert wird es übrigens über Touchscreens, also gern noch mal kontrollieren, was die kleinen Hände so alles gedrückt haben, bevor man die Bestellung abschickt! Lange dauert es nicht, bis das Gericht auf den Tisch schwebt, dafür kommt es mit ordentlich Speed in Greifnähe. Nur noch das Rondell oberhalb der Tischplatte an den richtigen Platz drehen, Teller vom Stapel greifen und aus dem Topf bedienen.

Vor allem an Wochenenden, wenn es hier richtig voll ist, geht es auf dem Schienensystem ganz schön rasant zu. Über 250 Töpfe könnten rein rechnerisch pro Minute die Schienen entlangsausen – das bringt ordentlich Lärm und noch mehr Spaß. Wer Angst vor Entgleisungen hat, der sei beruhigt: Wie durch Magie fliegen hier nie Töpfe durch die Luft, da hat ein Mathematiker die Flugbahnen gut berechnet. Und Heißgetränke werden dann doch lieber von Servicekräften serviert.

Adresse Harburger Schloßstraße 22, 21079 Hamburg-Harburg // **ÖPNV** S 3, Haltestelle Harburg Rathaus, danach gut zehn Minuten Fußweg // **Öffnungszeiten** Di–Do 16–23 Uhr, Fr–So 11.30–23 Uhr, Reservierung online unter www.rollercoaster-hamburg.de // ab einem Jahr

ROLLERCOASTER
RESTAURANT

TIPP: In Laufnähe, Schloßstraße 1, liegt das Electrum, ein Museum zur Elektrizität. Spannend, nicht nur für Technikfans.

2_DIE ÄLTESTE TÄTOWIERSTUBE

Hamburg hautnah

Ach, Tätowierungen! Früher Insignien von Verruchtheit, haben sie heute längst Kultstatus in breiten Teilen der Bevölkerung. Und ach, Kinder! Sind sie klein, ist eine Spritze beim Arzt ihr Horror. Kaum sind sie Teenager, ziehen Nadeln sie dann magisch an, Tätowiernadeln nämlich. Die logische Folge: Wer in Hamburg Teenager mit Hang zum Tattoo hat, sollte in »Die Älteste« gehen – die älteste Tätowierstube Deutschlands.

Nach dem Zweiten Weltkrieg ließen sich dort anfangs vor allem die stechen, die noch jahrzehntelang das Image des Tattoos prägen sollten: Seeleute, Prostituierte, Kiezpublikum. War mal zu wenig los im Laden, warben Hilfsleute besoffene Matrosen an – und verdienten sich nicht nur mit der Tätowierung Geld, sondern auch damit, den kaum zurechnungsfähigen Kunden die Taschen leer zu räumen.

Heute? Ein Hort der Kunst. In der »Ältesten« legt man viel Wert auf Ästhetik, längst nicht jeder Kundenwunsch nach Körperschmuck wird unwidersprochen umgesetzt. Die hygienischen Bedingungen sind selbstverständlich top, und die Location in St. Pauli ist Kult. Chef Günter sticht seit 1983, Spezialität: Cover-ups, das Verschönern von missglückten oder missliebigen Tätowierungen anderer. Ein spannender Ort abseits der Reeperbahn, der viel Hamburger Geschichte birgt – und buchstäblich unter die Haut geht.

> **TIPP:** Zwei Minuten entfernt liegt das Hamburger Schulmuseum, das zeigt, wie unsere Urgroßeltern zur Schule gingen. Falls hier jemand Lust auf Kontrastprogramm hat.

Adresse Hamburger Berg 8, 20359 Hamburg-St. Pauli // **ÖPNV** U 3, Haltestelle St. Pauli // **Öffnungszeiten** Mo–Sa 12–19 Uhr // ab 16 Jahre

3_ DAS ANDRONACO

Italien liegt in Billbrook

5.000 Quadratmeter, das ist riesig. In Hamburg beschloss ein italienischer Kaufmann, auf einer so großzügigen Fläche einen Markt mit Speisen und Getränken aus seiner Heimat zu eröffnen. Das Gebäude ist so weitläufig, dass man es Kindern, ohne zu lügen, als <mark>Ausflugsziel</mark> Klein-Italien verkaufen kann.

Dabei hatte Vincenzo Andronaco einst mit einem einfachen Gemüsestand in Barmbek angefangen. Wahrscheinlich war es eine Mischung aus Fleiß und Trend, jedenfalls hat der geschäftstüchtige Unternehmer nun ein kleines Imperium aus Onlineshop und acht Filialen in Norddeutschland. Die in Billbrook wartet von außen mit der industriegebiettypischen Schmucklosigkeit auf. Innen eigentlich auch: grauer Estrich, Kellerregale. Und doch: Gleich schnuppert man original italienischen <mark>Duft</mark>. Orangen aus Sizilien. Wein aus dem Piemont. Oliven aus Apulien. 7.000 Spezialitäten, viele davon aus kleinen italienischen Familienbetrieben: gut möglich, dass Kinder hier exakt die Spezerei finden, auf die sie im <mark>Urlaub</mark> so versessen waren.

Spätestens im <mark>Bistro</mark> ist man ganz in Italien angekommen. Die Köche bereiten alles frisch am Tresen zu, das lebhafte Stimmengewirr füllt, klar, auf Italienisch die hohen Hallen. Und die Gerichte? Pasta, Carne, Dolci – die schmecken wirklich jedem Kind. Nicht umsonst beklagen Heerscharen von Eltern in einschlägigen Foren die »Nudel-Phase«, in der ihr Nachwuchs nichts anderes anrühren mag als die italienische Nationalspeise. Nun, hier kann er seine Lust ausleben – und erntet ganz sicher freundliche italienische Worte für seinen guten Geschmack. Buon Appetito!

TIPP: Der Elbpark Entenwerder liegt nur wenige Kilometer entfernt und bietet alle Möglichkeiten von Fußball über Beachvolleyball bis hin zu Spielplatz und Picknick.

Adresse Halskestraße 48, 22113 Hamburg-Billbrook //
ÖPNV S2 oder S21, Haltestelle Tiefstack, danach
20 Minuten Fußweg // **Öffnungszeiten** Mo – Fr
9 – 19 Uhr, Sa 9 – 18 Uhr // ab drei Jahre

4_DIE APFELBÄUME IM ALTEN LAND

Europas größtes Obstanbaugebiet

Es ist der grüne Hinterhof Hamburgs: das Alte Land. 1.200 Quadratkilometer, auf denen mindestens seit dem 14. Jahrhundert Obst angebaut wird, und bis heute zieht die Gegend Hamburger magisch an. Als Erholungsgebiet, das im Frühjahr in voller Blüte steht. Als Paradies, das im Sommer Äpfel und Birnen en masse bietet. Oder Kirschen und später Pflaumen. Zwar viel weniger, aber hey: immer noch genug, um darüber zu staunen! Im Herbst, wenn die Landschaft golden zwischen den Deichen liegt, ist das Alte Land ebenfalls ein Augenparkplatz. Und manche kommen eigens im Winter, wenn die kargen Baumskelette in das Blau des eisigen Himmels ragen und die Weite einen glatt vergessen lässt, wie nah die Metropole Hamburg liegt.

Damit ist das Alte Land ein ganz besonderer Ort, der sich nicht touristisch wegkonsumieren lässt wie Attraktionen im Zentrum der Stadt, eigens geschaffen, damit Menschen Eintritt für sie zahlen. Am besten nähert man sich der Gegend per Fähre (die setzt von Blankenese über nach Cranz: eine kurze Fahrt, aber wunderschön) und Fahrrad, um während der Erntezeit einen der Höfe zu erkunden, die dann – zum Teil für Selbstpflücker – die Tore öffnen. Der Erlebnis-Obsthof Matthies in Jork zum Beispiel punktet mit Kinderspielplatz, historischem Traktor und einem gut sortierten Hofladen. Auf anderen Höfen kann man die Früchte auch selbst ernten. Und kommt am Ende eines langen Tages heim in die Großstadt wie nach einem Urlaub. Gut zu wissen, dass es diesen verwunschen-schönen Ort gibt, an den man immer zurückkehren kann.

Adresse zum Beispiel 21635 Jork, wo mehrere Obsthöfe nebeneinanderliegen // **ÖPNV** mit der Fähre ab dem Anleger Blankenese ins gegenüberliegende Cranz, danach mit dem Fahrrad weiter ins Alte Land // ab drei Jahre

TIPP: Für Auto-Ausflügler ist das Airbus-Werk nur einen Kurztrip entfernt. Hier werden Führungen angeboten – spannend, beim Luftfahrt-Riesen mal hinter die Kulissen zu blicken (erst ab 14 Jahre, Infos unter https://werksfuehrung.de/de/airbus-touren).

5_ DAS BABY-MUSIKTHEATER IN DER STAATSOPER

Der Zauber der ersten Male

Musiktheater für Babys? In der Staatsoper? Das mag für manche Ohren im ersten Moment abgehoben klingen. Wie eine Erfindung für Neu-Eltern, die es mit der Frühförderung zu gut meinen. Aber wer das denkt, war noch nicht dort. Denn die Babys und Kleinkinder sind schlicht verzaubert. Gesang, Musik und Darstellung sind auf so liebevolle Weise zielgruppig, wie sie es nur sein können. Und die Zuschauer? Glucksen, quieken, robben zur Sängerin und staunen über die Instrumente. Eine zauberhafte Dreiviertelstunde, die mit Sicherheit jedem Elternpaar in Erinnerung bleibt, das hier war.

Überraschung eins: Steifes Sitzen und Zuhören ist nicht. Stattdessen ein schummrig beleuchteter Sitzkreis vor kulissenschwarzen Wänden. Wer schon krabbeln oder laufen kann, darf sich frei bewegen. Zuerst singen die Erwachsenen ein Liedchen mit, und dann geht die Vorstellung los, in der Klavier, Gesang und allerlei exotische Instrumente zwischen beruhigenden Klängen und aufgeregten Stücken meisterhaft abwechseln. Da galoppiert die Sängerin mal als Pferd an den Kindern vorbei, mal legt sie sich in die Mitte des Kreises – und ein paar Mutige kuscheln sich glatt dazu. Von der Decke baumelt ein XXL-Mobile, und der Boden ist mit Kissen übersät.

Dazu kommen ein Kinderwagenparkplatz und zwei Wickelplätze: Das zauberhafte Programm trifft hier auf perfekte Organisation. So wird man Zeuge einer berührenden Vorstellung mit großen Augen, begeisterten Reaktionen und wunderschöner Musik. Wer im Großziehen von Kindern vor allem das Sammeln berührender Momente sieht, wird hier sehr glücklich sein.

Adresse opera stabile, Kleine Theaterstraße 1, 20354 Hamburg-Neustadt // **ÖPNV** U 1, Haltestelle Stephansplatz, oder U 2, Haltestelle Gänsemarkt // **Öffnungszeiten** Termine: wechselnd, Infos unter www.jung-staatsoper.de // bis 24 Monate

TIPP: Wenige Schritte entfernt liegt eine Filiale der Burger-Kette Jim Block. Wer nach so viel Kultur also hungrig ist, bekommt dort in ungezwungener Atmosphäre leckeres Essen.

6_ DER BAMBUSHAIN IM BOTANISCHEN GARTEN

Die grüne Höhle

Warum sind die Alpen eigentlich so erholsam? Wohl weil man sich am Fuß ihrer wuchtigen Gesteinsmassive als Mensch so winzig fühlt. Die Natur verschlägt uns dann einfach den Atem. Ein ähnliches Gefühl kann man auch in Hamburg haben, im Angesicht riesiger Bambuspflanzen nämlich.

Wenige Schritte vom S-Bahnhof Klein Flottbek öffnet sich die Pforte zum Loki-Schmidt-Garten (früher: Botanischer Garten), und wer sich rasch nach links wendet, tritt ein in die Gasse aus riesenhaftem Bambus, die die Menschen fast zu verschlucken scheint. Plötzlich wirken selbst hochgewachsene Hanseaten ziemlich winzig, und Kinder erst recht. Unterarmdicke Bambusstämme recken sich 100-fach in den Himmel, von dem man vor lauter Bambuslaub aber gar nichts mehr sieht. Klettern geht nicht, die Zweige sind zu filigran und liegen viel zu hoch, also geht nur staunen. Und hindurchrennen, immer und immer wieder!

Im Angesicht dieser Riesenbäume können auch Kleine sich schon gut vorstellen, dass Bambus in Asien seit jeher sehr wichtig war. Weil seine Rohre im Hausbau, Leitungsbau und als Material für Schiffe oder Instrumente eine tragende Rolle spielten. Aber keine Sorge: Auch wer solche Lektionen nicht loswerden möchte, ist mit dem Bambushain gut beraten. Weil er ganz schön spannend ist. Klar, es gibt den Alten Elbtunnel, aber wer den Bambustunnel in Klein Flottbek nicht kennt, der hat auch ein Hamburger Highlight verpasst. Wer mag, pflanzt bei Kindern hier quasi im Vorbei(oder Drunterdurch)-gehen die Liebe zur Natur.

Adresse Ohnhorststraße 18, 22609 Hamburg-Klein Flottbek // **ÖPNV** S 1, S 11 oder Bus 15, 21, Haltestelle Klein Flottbek // **Öffnungszeiten** 9 Uhr bis etwa 90 Minuten vor Einbruch der Dunkelheit // ab null Jahre

TIPP: Das Loki Schmidt Haus ist nur ein paar Gehminuten entfernt. Es beherbergt ein Museum für Nutzpflanzen und wendet sich speziell an Kinder.

7_DER BAUSPIELPLATZ EPPENDORFER PARK

Ein Traktor mitten in der Stadt

Direkt gegenüber vom Uniklinikum Eppendorf liegt unscheinbar von der Frickestraße abgehend der Eppendorfer Park. Und weil die Hamburger ihr Grün partout nicht nur Joggern und Hunden überlassen wollen, haben Idealisten hier den »Baui« etabliert, einen echten Geheimtipp für Besucher und Bewohner des malerischen Stadtteils. Denn die 2.000 Quadratmeter dort sind ein großes, wildes und so weit wie möglich ungezähmtes Vergnügen.

Klar, dass auf dem Bauspielplatz gehämmert wird – und was dabei entsteht, kann sich wahrhaftig sehen lassen. Häuser, Buden, ein Piratenschiff, die Grenze scheint nur der Himmel. Aber beim »Baui« lohnt auch ein Blick auf die Termine auf der Homepage, freitags zum Beispiel ist das Stockbrotrösten über dem Lagerfeuer ein Hit. Als wäre das nicht genug, warten ein paar Kleintiere darauf, betüdelt zu werden. Und ein Traktor (!) steht bereit, um bis zu zwei Dutzend Kinder im Anhänger durch den Eppendorfer Park zu fahren. Da kann es schon mal sein, dass entgegenkommende Jogger mit großen Augen ausweichen. Und dass die Sirenen der Krankenwagen, die ins nahe Universitätsklinikum einrücken, die Kinder zu Spontangesängen anregen: »Tatütata, der Traktor ist da.«

Zum Spielplatz gehört ein Gebäude, in dem die Kinder toben, essen, ausruhen oder kickern können. Träger des Baui ist das Jugendamt, das Angebot ist also pädagogisch unterfüttert und folgt einer Agenda. Zahlreiche geführte Angebote aus dem Themenbereich »Familienarbeit« richten sich hier an Eltern oder Kinder. Aber Kindern macht schon das bloße Gelände großen Spaß.

Adresse Frickestraße 1, 20251 Hamburg-Eppendorf, www.bau-eppendorf.de // **ÖPNV** Bus 20, 25, Haltestelle Julius-Reincke-Stieg // **Öffnungszeiten** Mo–Do 10–12.30 Uhr, Mo–Fr 14–18 Uhr // ab zwei Jahre

TIPP: Ganz in der Nähe steht das Bürgerhäuschen Eppendorf – ein ehemaliges Klohaus (!), das heute unter Denkmalschutz steht. Martinistraße 49b, Veranstaltungen unter www.bh-eppendorf.de/index.html.

8_DIE BOBERGER DÜNEN

Strandurlaub ganz ohne Meer

Erst klingt es paradox, aber: Eine Großstadt wie Hamburg zieht ihre Schönheit wohl auch daraus, dass sie an vielen Orten eben genau das nicht ist. Sondern Dorf, grüne Oase, unberührte Natur. Vielleicht, weil man die Stadt eben nur genießen kann, wenn man – besonders mit Kindern – auch die Natur zumindest in der Nähe weiß. Und von den 29 Naturschutzgebieten der Hansestadt darf man eins den Kindern auf keinen Fall vorenthalten: die Boberger Dünen.

In Lohbrügge, ganz im Osten der Stadt, liegt diese Laune der Natur. Wer vom Parkplatz Boberger Furt aus dem Wald heraustritt, der vergisst alles: die Großstadt. Das, was hinter ihm liegt. Denn hier hat die Natur einen Strand hinplumpsen lassen, wie wir ihn sonst nur von einschlägigen Nordseeinseln kennen. Abschmelzende Gletscher hinterließen die Dünenlandschaft quasi als Gruß aus der Eiszeit. Früher baute man den Sand noch für Bauvorhaben ab. Heute dient das Gelände unzähligen Tieren als Rückzugsort, Pflanzen als Paradies – und uns Menschen als Erholungsstätte.

Und das sind sie wirklich, die Boberger Dünen. Nicht nur, dass dieses Strandgefühl von Sand unter den Füßen hier sofort wirkt. Auch der nahe gelegene Segelflugplatz ist eine attraktive Beigabe: An klaren Sommertagen kann man den schwebenden Fliegern lange zusehen und sich davonträumen. Wem das zu malerisch ist, dem steht es offen, sich an den Haarteich zu setzen: Hey, hier wachsen sogar Orchideen! Und an den Ausläufern der Dünen blüht im Spätsommer die Heide. Schöner kann ein Stadtstrand eigentlich kaum sein – auch wenn er gar nicht am Meer liegt.

TIPP: Der Flugplatz punktet mit einem herrlichen Café direkt neben der Start- und Landebahn. Setzen, gucken, Hamburger Beachlife genießen.

Adresse Infozentrum Boberger Dünenhaus, Boberger Furt 50, 21033 Hamburg-Lohbrügge // **ÖPNV** S 21, Haltestelle Nettelnburg, dann Bus 221, Haltestelle Boberger Furtweg // **Öffnungszeiten** Di–Fr 9–13 Uhr, So und Feiertage 11–17 Uhr // ab null Jahre

9_DER BONSCHELADEN

Wo das Leben ein Zuckerschlecken ist

Kinder lieben Süßigkeiten! Fast schade, dass man da als Eltern nicht immer nachgeben darf. Aber wenn dann endlich die Stunde für Süßes gekommen ist, dann doch am besten aus diesem Kleinod von Manufaktur. Denn im Bonscheladen gibt es nicht einfach schnöde Bonbons wie aus dem Supermarkt. Hier werden kleine, erlesen leckere Kunstwerke von Hand gefertigt.

Wie das funktioniert, können Kinder sogar beobachten, denn gemacht werden die Bonsche direkt hier, hinter dem Tresen. Jeden Wochentag um 16.15 Uhr und samstags um 14.30 Uhr darf man dabei zugucken. Verwendet werden feinste Zutaten, der Zucker ist »bio«, und geschmacklich sind die kleinen Süßigkeiten meilenweit von industrieller Massenware entfernt. Die Motive der Bonbons (hamburgisch eben Bonsche) sind entsprechend liebevoll. Wie der heiße Zucker im Kupferkessel blubbert, das ist magisch wie bei Harry Potter. Aus der Zuckermasse entstehen riesige Würste, die durch Walken und Ziehen immer länger und kleiner werden. Das kennen die Kids vom Kneten und finden hier so vielleicht nicht nur eine Tüte Bonbons, sondern ihren Traumjob.

Denn das ist das Attraktive an dem kleinen Laden in Ottensen: dass hier nicht einfach nur ein Produkt verkauft wird. Sondern Kinder und Erwachsene die Entstehungsgeschichte gleich mit geschenkt bekommen. Ein Bonbon, in reiner Handarbeit gemacht und aus feinsten Geschmacksrichtungen kreiert, hat seinen Preis: Mehr als sechs Euro kostet eine 200-Gramm-Tüte. Und ist jeden Cent wert.

TIPP: Die zeise kinos sind direkt in der Nähe (Friedensallee 7–9). Die Säle im ehemaligen Schiffsschraubenwerk gelten als die vielleicht schönsten Deutschlands.

Adresse Friedensallee 12, 22765 Hamburg-Ottensen // **ÖPNV** S 1, S 2, S 3, S 11, S 21 und S 31, Haltestelle Altona, Bus 2, Haltestelle Fabrik // **Öffnungszeiten** Di – Fr 11 – 18.30 Uhr, Sa 11 – 16 Uhr // ab drei Jahre

Hamburger Mischung
Bonbon Mischung mit Hamburger und maritimen Motiven

Erdbeere,

AHOI Bonsche
prickelnde Apfelsine, Himbeer, Waldmeister, Zitrone Bonbons

Hamburger Hafe
Backbord: Himbeer-Pfirsich-Schm

bin"
Rote Grütze)

10__ DAS BUDDEL-BINI

Hier kommt das Schiff in die Flasche

Souvenirs, da denkt man heute oft an ästhetisch fragwürdige Sachen, die man nach der Heimreise schnell wieder loszuwerden versucht oder nur ihrer Herkunft wegen nutzt. Es sind, kurz gesagt, meist Um-zu-Gegenstände, die man nur mag, weil sie Erinnerungen transportieren.

Wie anders sind da Buddelschiffe! Sie provozieren kindliches Nachdenken geradezu, weil sie ja nun mal einfach nicht durch den Flaschenhals passen! Der Bauch hat aber auch keine Sollbruchstelle, durch die das Schiff hineingekommen sein kann … Es ist herrlich. Ein Zaubertrick, dessen Lösung nicht mitgeliefert wird. Nicht durch Schütteln, Drehen, Wenden, Entkorken und Fingerreinstecken.

Seine Lösung findet man in Hamburg bei »Buddel-Bini«. Dort werden die guten alten Schiffe noch von Hand gefertigt und in die Flasche, nun ja, verfrachtet. In der Nähe des Winterhuder Marktplatzes liegt diese Hamburger Institution, und man sagt, manch ein Fan besitzt jedes der dort ausgestellten Modelle. Sie sind nämlich längst mehr als Souvenirs, haben sich zu echten Sammlerstücken gemausert.

In vierter Generation schmeißt Familie Binikowski den Laden nun. Die Idee haben sie direkt vom Urgroßvater, der zur See fuhr und sich mit dem Buddelschiffbau die Flautezeiten aufpeppte. Die Binikowskis sind heute – wie die meisten Hamburger – echte Landratten. Aber das alte Handwerk betreiben sie mit viel Liebe zum Detail weiter. Der Besuch bei »Buddel-Bini« ist deswegen viel mehr als ein Shopping-Erlebnis: Er ist ein Trip in die alte Zeit, als Hamburg noch voller Seebären und die Welt voller Rätsel war.

Adresse Barmbeker Straße 171, 22299 Hamburg-Winterhude // ÖPNV
U 3 oder Bus 25, Haltestelle Sierichstraße // Öffnungszeiten Mo – Fr
10 – 18 Uhr, Sa 10 – 14 Uhr // ab einem Jahr

TIPP: In der gleichen Straße, Nummer 106, liegt ein Hockey- und Tennisclub. Hier kann man prima zugucken oder selbst zum Schläger greifen. Infos unter www.hthc.de.

11_ DIE BURG HENNEBERG

Ein Hauch Mittelalter

Ach, Hamburg hat einfach alles, denkt man so. Vor allem die Hamburger denken das. Immerhin ist sogar das Meer nur eine Autostunde entfernt. Aber dann taucht die Frage auf: »Gibt es hier keine Ritterburg?« Die meisten Erwachsenen sagen dann schlicht: »Nein.« Dabei haben wir eine! Jedenfalls fast.

Aber für Kinder reicht die Burg Henneberg in Poppenbüttel vollkommen. Namenspate Albrecht Henneberg ließ sich um 1870 am malerischen Alsterlauf einen Hügel aufschütten und setzte diesen Bau drauf. Ein, nun ja, Nachbau einer Burg in Thüringen, nur eben im Maßstab eins zu vier. Die Anlage in Thüringen galt als eine der größten des Landes … diese Burg im Miniaturformat ist nun die kleinste in ganz Europa, vielleicht sogar weltweit.

Leider ist die Burg, die Privatleuten gehört, nicht jederzeit öffentlich zugänglich. Sie haben ihre Investition (sie kauften und renovierten das verfallene Gebäude 2014 für rund 500.000 Euro) in eine Stiftung verwandelt, dauerhaft wohnen darf dort nämlich niemand. Und gewerblich nutzen darf man sie auch nicht. Die Tore öffnet die Familie daher nur für geladene Gäste, zu Veranstaltungen und Workshops. Immerhin: Man kann schriftlich anfragen und eine Führung vereinbaren.

Doch auch so, nur von außen betrachtet, ist die kleine Burg einen Trip wert. Schließlich liegt sie malerisch an der Alsterschleuse, inmitten eines weitläufigen Parks in Poppenbüttel, sodass man mit dem Fahrrad wunderschön hingelangt. Warum nicht ein Picknick vor der beinahe mittelalterlichen Kulisse genießen und danach stadteinwärts radeln, den Alsterlauf entlang?

TIPP: Nur 300 Meter entfernt, an der Kreuzung Richtung Hummelsbüttel, liegt eine Eisdiele – da kommt man nach einem Ausflug ins (Beinahe-)Mittelalter doch gern wieder in der Gegenwart an.

Adresse Marienhof 8, 22399 Hamburg-Poppenbüttel //
ÖPNV S1 und S11, Haltestelle Poppenbüttel, danach
15 Minuten Fußweg, oder Bus 174, 176, 178, 179,
276 und M24, Haltestelle Schulbergredder, von dort
400 Meter Fußweg // ab zwei Jahre

12_ DAS CAFÉ KATZENTEMPEL

Einen Kakao mit Kuscheln bitte

»Attraktionen« für Kinder teilen sich grob gesagt in zwei Gruppen: solche, die exakt das sein sollen. Wie Karusselle, Wasserrutschen, Vergnügungsparks, so was. Und solche, die eigentlich gar nicht exklusiv für Kinder gemacht sind, sie aber trotzdem komplett begeistern. Dazu gehört zum Beispiel das Café Katzentempel. Erst 2017 beim Schlump eröffnet, zieht die Location ein buntes Publikum aus Tierliebhabern, Neugierigen und Familien an – denn hier sind gleich sechs Katzen zu Hause.

Die Tiere haben diverse Körbe, Borde, Klappen und Decken zwischen den üblichen Möbeln der Gäste – und damit übrigens genug Rückzugsorte, wenn das mit den kindlichen Streicheleinheiten mal zu viel wird. Aber sie haben eben auch die Möglichkeit, mit den menschlichen Besuchern des Cafés zu kuscheln oder zu spielen, genug Spielzeug liegt bereit. Hier ergänzen sich die Bedürfnisse von Kind und Tier perfekt!

Es kann schon mal passieren, dass der Kakao der Kinder darüber kalt wird. Aber hey, man soll die Feste feiern, wie sie fallen – und die Katzen streicheln, solange sie stillhalten. Danach ist bestimmt immer noch Zeit, um Pommes, Kuchen oder Co zu genießen. Das geht hier sehr gemütlich. Und dann? Haben es für den Tag andere Attraktionen ein bisschen schwerer, genauso viel Begeisterung hervorzurufen.

> **TIPP:** In der U-Bahn-Station Schlump gibt es oben, noch vor dem ticketpflichtigen Bereich, eine köstlich duftende Bonbon-Verkaufsbude.

Adresse Kleiner Schäferkamp 24, 20357 Hamburg-Sternschanze // **ÖPNV** U 2 und U 3, Haltestelle Schlump, von da nur über die große Straße und eine Minute Fußweg // **Öffnungszeiten** Mo–Fr 11–20 Uhr, Sa 10–20 Uhr, So und Feiertage 10–18 Uhr // ab null Jahre

13_AUF DER CAP SAN DIEGO UNTERWEGS

Eine Hafeneinfahrt wie vor 100 Jahren

Die Cap San Diego hat wohl jeder schon gesehen, der Hamburg kennt – und wenn auch nur auf einer der vielen Postkarten, die aus der Hansestadt in die Welt geschickt werden. Der alte Stückgutfrachter liegt zentral im Hafen, ein zum Wahrzeichen gewordenes Schiff, wie es im Reiseführer steht. Was allerdings viel zu unbekannt ist: Man kann eben doch auf ihr fahren. Wenige Male im Jahr lichtet die Cap San Diego den Anker und geht auf (nicht mehr ganz so große) Fahrt.

Denn zugegeben: Bis Südamerika, wohin sie als Stückgutfrachter bis in die 1980er Jahre unterwegs war, kommt sie nicht mehr. Aber, und das macht sie so attraktiv für Familien: Eine Fahrt von Cuxhaven nach Hamburg ist drin. So kann man entweder frühmorgens mit dem Bus nach Cuxhaven fahren – oder man gönnt sich eine Nacht im Hotel dort. Zur Frühstückszeit geht man an Bord – und genießt die rund achtstündige Fahrt elbabwärts. Abends, wenn die tief stehende Sonne den Fluss in goldenes Licht taucht, lässt die Cap San Diego backbord langsam die noblen Elbvororte vorbeiziehen. Spätestens dann heißt es raus aus den Maschinenräumen (die alle liebevoll erklärt werden) und an Deck, denn die Ankunft in Hamburg versetzt Passagiere sofort in die Zeit zurück, als Seeleute nach Monaten auf Fahrt zurückkamen in eine der schönsten Städte der Welt. Ein besonderer, lehrreicher Tag, gekrönt von einer der schönsten Hafeneinfahrten der Welt. Wer vorher von der Einzigartigkeit Hamburgs noch nicht gebannt ist: Diese Fahrt schafft das.

TIPP: Einmal über die Brücke in Richtung Michel liegt direkt vor dem Verlagsgebäude von Gruner + Jahr ein eingezäunter Spielplatz. Falls noch Energie übrig ist, eine tolle Location, um sich auszutoben.

Adresse Überseebrücke, 20459 Hamburg–Neustadt //
ÖPNV U 3, Haltestelle Baumwall // **Öffnungszeiten**
Termine für Gästefahrten unter www.capsandiego.de //
ab neun Jahre

14_DAS CHINESISCHE TEEHAUS

Einmal Shanghai und zurück – ganz ohne Ticket

Konfuzius sagt: »Manchmal musst du nicht weit reisen, um ferne Länder kennenzulernen.« Okay, das Zitat ist erfunden. Aber es passt! Denn wer mehr über China wissen möchte, muss nur von der Rothenbaumchaussee abbiegen in eine ihrer kleinen, sehr gepflegten Seitenadern, die Feldbrunnenstraße. Dort liegt zwischen Gründerzeitvillen und Stadthäusern vollkommen überraschend das Chinesische Teehaus von Hamburg, Yu Garden.

Man betritt es über eine stilechte Zickzackbrücke, unter der jadegrünes Wasser sofort authentisch asiatisches Flair verströmt. Das Gebäude wurde mit Materialien direkt aus China gebaut und ist die Nachbildung eines Shanghaier Originals, könnte also nicht echter sein. Im Yu Garden wird gepflegt, was man vermutet: Teekultur. Aber viele Veranstaltungen und Reihen richten sich besonders an Kinder.

Die Chinesisch-Werkstatt zum Beispiel ist offen für Kinder zwischen sieben und zwölf, ganz ohne Vorkenntnisse dürfen die Kleinen hier an zehn Vormittagen in die chinesische Sprache und Kultur eintauchen. Lieder singen, Scherenschnitte fertigen, Trommeln schlagen, Spiele spielen, Kalligrafie lernen: Hier wird mit viel Spaß das Interesse der Kleinen an allem geweckt, was aus China kommt und Freude bringt. Toll: Am Ende der Reihe (zum Beispiel eines Ferienkurses) können schon die kleinsten Teilnehmer sich auf Chinesisch vorstellen – wenn sie wollen.

TIPP: Das Völkerkundemuseum liegt ganz nah (Rothenbaumchaussee 64) – da kann man seine »Kultour« mit den Kindern gleich fortsetzen.

Adresse Feldbrunnenstraße 67, 20148 Hamburg-Rotherbaum **// ÖPNV** U 1, Haltestelle Haller-straße, danach zehn Minuten Fußweg **// Öffnungs-zeiten** nur zu Veranstaltungen, Infos unter www.yu-garden.de **//** ab fünf Jahre

15_ DAS COFFEE TO FLY

Schau mir in die Augen, Co-Pilot!

Die Aussichtsplattform am Flughafen kennt man, und sie ist toll – aber wer da noch einen draufsetzen will, der geht ins Coffee to Fly, einen kleinen Laden mit großer Außenterrasse direkt neben der Startbahn. Und direkt heißt: Man ist den Fliegern hier viel näher als am Flughafen!

Linker Hand sieht man sie anrollen, dann fahren sie die Triebwerke geräuschvoll hoch, und innerhalb weniger Sekunden donnern sie vorbei: ein ohrenbetäubender, herrlicher Lärm! Der nur getoppt wird vom Abheben. Planespotter halten den Auslöser gedrückt, Kinder johlen und versuchen den Zaun hochzuklettern, es hat ein bisschen Festival-Atmosphäre hier. Und das alle zehn Minuten – oder jedenfalls immer, wenn ein neuer Flieger startet. Wenn die Freiheit über den Wolken grenzenlos ist, dann ist es hier unten der Spaß.

Allein wegen des Essens käme man vielleicht nicht her; aber das Eis und der Kaffee aus einer Hamburger Privatrösterei sind spitze. Plus: Kinder können am Zaun unterhalb der Terrasse prima hin- und herrennen, parallel zu den startenden Flugzeugen. Ob zum Frühstück oder lieber im Abendrot, wenn die Flugzeuge abheben in den rotgoldenen Himmel über der Hansestadt: Das Coffee to Fly ist ein toller Fleck Hamburg. Mit nur einem Wermutstropfen: Ein bisschen Fernweh machen die Flugzeuge schon.

TIPP: Im nahe gelegenen Fuhlsbüttel bekommt man wider Erwarten kein bisschen Fluglärm ab – und findet mit dem Café Luise eine der wenigen Bäckereien, die ihr Brot frisch selbst backen. Lecker!

Adresse Holtkoppel 100, 22415 Hamburg-Fuhlsbüttel //
ÖPNV Bus 24, Haltestelle Wrangelkoppel, danach
17 Minuten Fußweg // **Öffnungszeiten** Mo–Do
9–23 Uhr, Fr–So 9–24 Uhr // ab einem Jahr

16_DIE COMPANYKIDS HAFENCITY

Die Kita mit Hip-Hop-Frühförderung

Schon klar: Wer über Musik in der HafenCity spricht, zielt wahrscheinlich auf die Elbphilharmonie. Aber es geht hier auch ganz anders. Denn in der nahe gelegenen Yokohamastraße setzt man auf fette Beats mit prallen Lyrics. Zielgruppe: Kids. Hier hat Deutschlands wohl bekannteste Band für Kinder ihren Ursprung: die Hip-Hop-Formation »Deine Freunde«. Denn Florian Sump arbeitet hier, in der Kita CompanyKids, als Erzieher. Die Eltern unter uns kennen ihn vielleicht noch als Schlagzeuger der Teenieband »Echt«. Heute ist er selbst erwachsen – und hatte vor ein paar Jahren ursprünglich nur die Idee, einen Song für »seine« Kids in der Kita aufzunehmen, in der er schon damals arbeitete. Zusammen mit Markus Pauli von »Fettes Brot« und Lukas Nimscheck vom Tigerenten-Club nahm er »Schokolade« auf. Heute ist der Song Kinderhymne, Autofahrten-Retter und Erwachsenen-Ohrwurm einer ganzen Hamburger Elterngeneration.

Wer also auf eine Musikstadt-Tour gehen will in Hamburg, der muss nicht nur auf den legendären Hans-Albers-Platz, den weltberühmten Beatles-Platz oder ins »Knust«, auf dem diverse Headliner ihre ersten Auftritte hatten. Sondern er muss auch die Wiege von »Deine Freunde« mit aufnehmen in seine Route, wenn die umfassend sein soll. Denn Hamburg ist seit »Deine Freunde« auch die Wiege des Kinder-Hip-Hops. Ein Genre, auf das Erwachsene übrigens genauso abgehen wie ihre Söhne und Töchter.

> **TIPP:** Vis-à-vis liegt das exzellente Torrefaktum Café, linker Hand der Lohsepark. Da ergeben sich doch herrliche Möglichkeiten …

Adresse Yokohamastraße 7, 20457 Hamburg-HafenCity // **ÖPNV** U 4, Haltestelle HafenCity Universität // **Öffnungszeiten** Für die Öffentlichkeit natürlich gar nicht geöffnet, das ist ja eine Kita. Dieser Tipp ist eher als Pilgerstätte zu verstehen. // ab sechs Jahre

17 _DIE CRAZY BIKES

Schrauben, quatschen, back on the Bürgersteig

Was für manche Erwachsene das Auto, ist für Kinder ihr Fahrrad: Big Love. Umso schlimmer, wenn daran was kaputtgeht! In Hamburg kein Grund zur Trauer, denn hier kann es zum echten Event geraten, sein Bike wieder aufmöbeln zu lassen. Mitten in der Schanze hilft dabei der Verein Crazy Bikes, bei dem es für Kinder nicht nur Hilfe, sondern auch jede Menge Know-how und Spaß gibt.

In dem malerischen gepflasterten Hinterhof zwischen alten Backsteinbauten ist der Verein im Centro Sociale untergekommen. Immer montags halten die Mitglieder die Werkstatt offen, damit Kinder (und Erwachsene) vorbeikommen und ihr Fahrrad reparieren können. Und anders als in gewöhnlichen Läden, wo man das Teil kaputt abgibt und heil wieder in Empfang nimmt, dürfen hier alle mitschrauben, vom Laufrad bis zum Mountainbike ist alles willkommen.

Kleiner Tipp: Hier werden auch Seifenkisten, Chopper und »andere Kunstobjekte« geschweißt! Wo eine Idee ist, ist auch ein Weg. Hier haben alle Beteiligten Lust zu helfen – und die Kids einfach auch mal werkeln zu lassen. Da kann schon mal ein toller Nachmittag bei rauskommen. Und danach? Ist das Fahrrad bestimmt wieder fahrtüchtig, die Seifenkiste zumindest im Kopf schon konstruiert, und es geht *back on the* Bürgersteig. Neuen Abenteuern entgegen.

Die liegen gleich um die Ecke, weniger als eine Minute mit dem Fahrrad entfernt. Da warten zumindest ein nettes Café und ein gut sortierter Buchladen.

TIPP: Gegenüber liegt die »Galerie der Schlumper« – Künstler mit unterschiedlichen Behinderungen stellen hier ihre Werke aus. Beeindruckend!

Adresse Sternstraße 2, 20357 Hamburg-St. Pauli //
ÖPNV U 3, Haltestelle Sternschanze // Öffnungszeiten
Mo 16–20 Uhr // ab fünf Jahre

18_DAT BACKHUS AM SPEERSORT

Ein süßes Teilchen (mit) Stadtgeschichte

Dat Backhus ist eine Hamburger Ikone wie Budnikowsky oder das Franzbrötchen, man kommt an der Bäckereikette nicht vorbei in der Hansestadt. Eine Filiale allerdings hat neben Brötchen, Kuchen und Co. ein echtes Geheimnis zu bieten: eine Ausgrabungsstätte des Archäologischen Museums im Keller. Um Designerstühle und -tische herum liegen die klotzigen Fundamente des ältesten Steinhauses der Stadt.

Es handelt sich, so der Stand der Forschung, wohl um die Reste eines Turms aus dem 12. Jahrhundert. Damals soll er, das verrät eine Illustration im Café, 19 Meter hoch und 30 Meter im Durchmesser – und ein Teil eines Stadttores – gewesen sein. Heute bieten seine Reste eine faszinierende Kulisse für eine Brötchenpause während des Stadtbummels. Immerhin liegt das Café nur wenige Schritte von der bekannten Einkaufsmeile Mönckebergstraße entfernt, auf der sich die Shops bekannter Modeketten aneinanderreihen. Also oben, im noch unscheinbaren Verkaufsraum, Speisen und Getränke ordern und damit dann die moderne Treppe hinunter, dorthin, wo die Einrichtung von den wuchtigen Resten des Turms in eine runde Anordnung gedrängt wird. Mit einem Frühstück zwischen diesen Trümmern kann man den Tag dort beginnen, wo Hamburg begann. Ein echt faszinierendes und einmaliges »Rundstück«, dieser Turm!

TIPP: Direkt nebenan liegt die Filiale eines großen Kinderausstatters – inklusive Spielbereich, Wickelmöglichkeit und Mikrowelle für Babynahrung.

Adresse Speersort 10, 20095 Hamburg-Altstadt // **Öffnungszeiten**
ÖPNV U 3, Haltestelle Rathaus // Mo – Fr 7 – 18.30 Uhr, Sa 8 – 18 Uhr // ab drei Jahre

19_DAS DUVENSTEDTER BROOK

Was lehrreich klingt, macht einfach Spaß

»Kommt, Kinder, wir fahren ins Naturschutzgebiet und nehmen an der Umweltbildung des NABU teil!« Stille. Manche Dinge klingen einfach nicht so rasend verlockend in kindlichen Ohren. Und sind in Wirklichkeit super supercool. Zum Beispiel das Duvenstedter Brook und das Infozentrum, das der NABU dort betreibt.

Also versuchen wir es doch mal anders: Dieses Grün aus Wald, Wiese und Moor ist monströs. Hier können auch ältere Kinder kilometerweit mit dem BMX rumpesen, ohne einem Auto zu begegnen. Wow. Plus: Klingt vielleicht erst mal nach »nur geil für Biolehrer«, dass hier 600 Pflanzen-, 100 Vogel- und sogar zwölf Reptilien- und Amphibienarten heimisch sind. Aber wer dann eine echte fleischfressende Pflanze entdeckt, einfach so mittendrin, den haut das eben doch um, dagegen kommt kein Pubertätshormon an. Oder einen röhrenden Hirsch in der Brunft! Oder die Vögel: Allein die Geräuschkulisse, die sie liefern, ist beeindruckend und katapultiert einen so was von aus der Großstadt raus, dass es einem auch erst hinterher auffällt. Dazu kommt die Kuriosität, dass man zwischen veritablen Kuh- und Pferdeweiden durchlaufen und so auch noch Nutztieren kurz Hallo sagen kann.

Und das Infozentrum namens BrookHus? Ein Kindertraum! Wo man ausgestopfte Tiere (glücklich in freier Wildbahn verstorben) bestaunen darf. Mit Touchpad echte Tierstimmen auslösen kann. Oder einen Frosch beobachten. Das alles ist am Ende extrem lehrreich – und währenddessen ein, ja, tierisches Vergnügen.

Adresse Duvenstedter Triftweg 140, 22397 Hamburg-Duvenstedt // ÖPNV U 1, Haltestelle Ohlstedt, oder Bus 276, Haltestelle Duvenstedter Triftweg, von dort etwa 30 Minuten Fuß- oder 15 Minuten Radweg // Öffnungszeiten BrookHus: Feb., März, Nov. Sa 12–16 Uhr, So und Feiertage 10–16 Uhr, April–Okt. Di–Fr 14–17 Uhr, Sa 12–18 Uhr, So und Feiertage 10–18 Uhr // ab null Jahre

20_DIE EISZEIT

Wo Ärzte bei der Bestellung zusammenzucken

Über Geschmack … jaja. Wir wollen also gar nicht behaupten, dass es in der Eiszeit das leckerste Eis der Stadt gibt. Aber ein heißer Anwärter auf den ersten Platz ist sie auf jeden Fall! Und die witzigste Eisdiele, den Titel nimmt ihr niemand. Denn hinter den Namen für ihre Eissorten verbirgt sich manchmal ein übler Scherz nur für Erwachsene.

Kurzer Latinums-/Mediziner-Test: Ein Mann steht in der Reihe vor Ihnen und sagt: »Ich hätte gern Priapismus!« Wenn es Sie jetzt schmerzt, dann sind Sie Arzt. Oder wissen genug über Medizin, um zu denken: Das will der nicht. Denn hinter der Bezeichnung versteckt sich ein fieses Krankheitsbild: eine Durchblutungsstörung, die zu einer schmerzhaften Dauererektion führt. Autsch! Bei der Eiszeit bezeichnet das allerdings ein sehr leckeres Vanilleeis, durchsetzt mit Daimstückchen und Karamell. Humor mit Schmerzgarantie!

Auch hinter anderen Sorten stecken oft kleine Gags, die sind aber harmloser. In »Simba« stecken Lionriegel, in »Die Kugel« haben die kreativen Eismacher Ferrero-Rocher-Kugeln gemahlen. In der »feigen Nuss« stecken Feigen, und wer noch nicht genug vom Wortwitz hat, der bestellt noch »Cheetahs Liebling« dazu, mit, klar, Banane.

Viel Humor, versteckt in Delikatessen. Und vielleicht auch ein bisschen Aufklärungsarbeit. Denn mit echtem Priapismus ist nicht zu spaßen – er muss sofort behandelt werden. Dann klappt's auch wieder mit dem Besuch in der Eisdiele.

TIPP: In Laufnähe, am Hellkamp, ist auch ein Spielplatz. Denn nach dem Stillsitzen – selbst wenn es fürs Eisessen war – muss Bewegung her.

Adresse an mehreren Orten der Stadt, zum Beispiel Müggenkampstraße 36, 20257 Hamburg-Eimsbüttel // **ÖPNV** U2, Haltestelle Lutterothstraße, danach zwei Minuten Fußweg // **Öffnungszeiten** täglich: März 12.30–18 Uhr, April 12–18 Uhr, Mai 12–20 Uhr, Juni–Aug. 12–22 Uhr, Sept. 12.30–18 Uhr, Okt. 13–18 Uhr // ab einem Jahr

21_DAS ELBECAMP

Mitten in der Stadt das Zelt aufschlagen

Wenn Hamburger über ihre Stadt schwärmen, dann wird ein Wort immer, immer in ihrer Lobeshymne vorkommen: der Elbstrand. Auf die Elbe zu gucken und auf die großen Pötte, die sich in die Stadt hinein- oder aus ihr hinausschieben: Das ist Hamburg von seiner schönsten, größten, urwüchsigsten Seite. Aber es geht noch geiler, als nur am Elbstrand zu sitzen: Man darf da zelten.

Nicht wild, klar. Aber im Elbecamp. Der kleine, naturnahe Campingplatz am Fuß von Blankenese im idyllischen Landschaftsschutzgebiet Falkenstein ist ein außergewöhnliches Stück Hansestadt. Und ein echter Low-Budget-Geheimtipp: Ab 7,70 Euro kostet hier ein Zeltplatz pro Nacht. Lauschiger kriegt man diese Großstadt nicht! Zumal das zugehörige Café perfekt zur Location passt. Selbst der Blick: Schiebt sich gerade kein Containerschiff zwischen die beiden Ufer, landet das Auge des Betrachters im gegenüberliegenden Naturschutzgebiet – da kommt kein Heimatfilm mit.

Ein Teil des Campingplatzes ist fürs Jugendcamp reserviert. Hier wird für die Kleineren im Tipi vorgelesen, und an Sonntagen können sich Größere im Zirkus Abrax Kadabrax austoben. Der steht übrigens auch Nichtcampern offen, genau wie das Café! Kurios: Der Campingplatz gilt auch unter Einheimischen als cooler Geheimtipp. Aber warum sollte man die schönsten Seiten der Stadt nur den Touristen überlassen?

Also Zelte zu Hause abbrechen und hier mal ganz wörtlich aufschlagen. Raus aus der Komfortzone und rein ins Abenteuer Großstadt!

TIPP: Etwa zehn Minuten elbaufwärts am Strand entlangspazieren – da steht ein echter Leuchtturm von 1905. Nordisch by Nature!

Adresse Falkensteiner Ufer 101, 22587 Hamburg-Blankenese // **ÖPNV** Bus 189, Haltestelle Tinsdaler Kirchenweg // **Öffnungszeiten** April– Okt., Check-in ab 13 Uhr // ab vier Jahre

22 _ DIE ELBINSEL KALTEHOFE

Wasser mit Pep

Diese Insel ist ein bisschen schräg. Weil: Eigentlich hatte Hamburg hier sein Wasserwerk untergebracht. Aber 1990 wurde es außer Dienst gestellt, und was macht man dann mit einer Insel mitten in der Elbe? Darüber stritten sich die Verantwortlichen ganze 20 Jahre. In der Zeit war Kaltehofe für die Öffentlichkeit geschlossen. Ausnahmsweise wurde am Schluss kein Wohngebiet draus. Stattdessen ein Ort für Besucher: Seit 2011 ist die Elbinsel eine Kombination aus Industriedenkmal, Museum und Naturlehrpfad, die viele Hamburger gar nicht kennen.

Dabei kann man Kaltehofe super mit Kindern ansteuern: Sollte irgendein Familienmitglied plötzlich doch keine Lust mehr auf Museum haben, dann wird eben ein Naturtrip aus dem Ausflug. Denn es ist schon kurios: Bevor die Menschen beschließen konnten, was aus den Filterbecken werden sollte, hatten die Vögel sie für sich entdeckt. Heute sind hier enorm viele Vögel und Fledermäuse heimisch, der größte Teil ist ein Landschaftsschutzgebiet. Besonders beeindruckend: Im Herbst nutzen Zugvögel die Insel als Rastplatz!

Wer aber doch Lust auf Museum hat, der wird die historische Villa auf Kaltehofe mögen. Hier erfährt man vieles zum Beispiel über die Stadtgeschichte, die große Sturmflut und die Choleraepidemie. Aber auch über diejenigen, die früher auf der Insel arbeiteten. Im zweiten Teil der Ausstellung geht es um Hamburger Brunnen. Das ist (vielleicht überraschenderweise) ganz schön spannend.

Adresse Kaltehofe Hauptdeich 6–7, 20539 Hamburg-Rothenburgsort // ÖPNV S 2 oder S 21, Haltestelle Rothenburgsort, dann circa zwei Kilometer Fußweg; Bus M 3, 120, 124, 130, Haltestelle Billhorner Deich, dann circa eineinhalb Kilometer Fußweg // ab drei Jahre

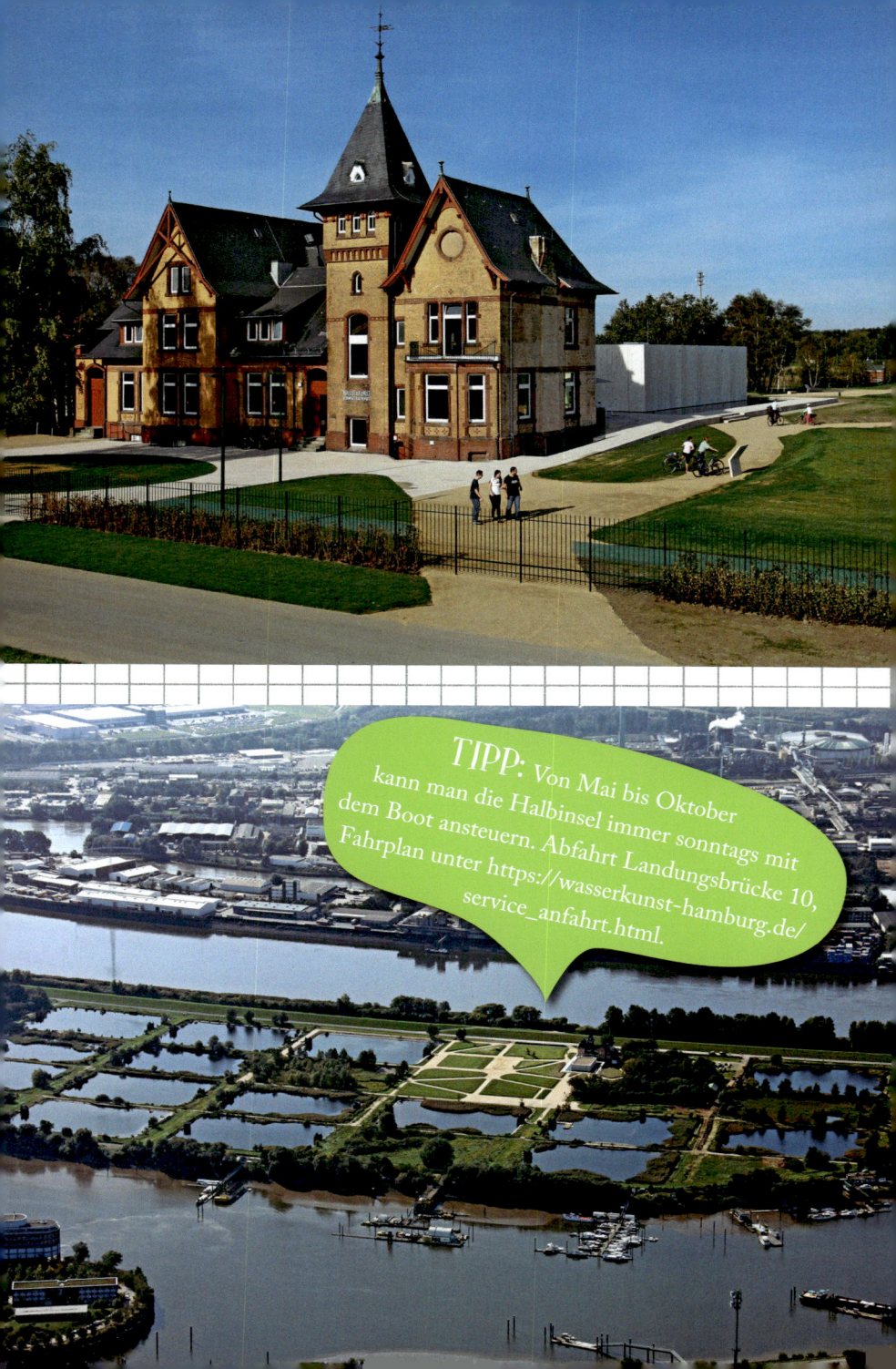

TIPP: Von Mai bis Oktober kann man die Halbinsel immer sonntags mit dem Boot ansteuern. Abfahrt Landungsbrücke 10, Fahrplan unter https://wasserkunst-hamburg.de/service_anfahrt.html.

23 _ DIE ELBPHILHARMONIE

Der schönste Rundlauf der Stadt

Was wurde nicht alles geschrieben über die »Elphi«. Die Glühbirnen. Die Sitze. Die nervenaufreibende Bauzeit. Die explodierenden Kosten. Und den Klang, immer wieder. Oft so negativ! Wenn man nur über die Elbphilharmonie gelesen hat, könnte man urteilen: ein monströs überteuerter Klotz mit dem Charme einer Wartehalle und dem Quadratmeterpreis des Bernsteinzimmers. Dabei ist es so leicht, sich in dieses Gebäude zu verlieben, seit es endlich fertig ist. Ganz ohne je Musik darin gehört zu haben: mit Kinderaugen nämlich.

Auf der »Tube«, der mehr als 80 Meter langen Rolltreppe, geht es los mit den Wow!-Rufen, denn offensichtlich wirkt die Ausstattung sensationell. Wo sonst glitzern Tausende Pailletten an der Wand? Europas längste Rolltreppe, das allein! Viel zu schnell hat man die Plaza erreicht und mit ihr die Aussicht auf die Stadt aus 37 Metern Höhe. Wirkt viel höher! Einmal im Kreis laufen, und endlich haben gerade die, die beim Stadtspaziergang sonst so viele Beine sehen und den Kopf recken müssen, um einen Blick auf mehr als nur Schuhwerk oder menschliche Bäuche zu erhaschen, einen umwerfenden Panoramablick, der gläsernen Balustrade sei Dank. Auf die Elbe und ihre Boote und Schiffe. Auf den Fernsehturm und den Michel. Das Musical-Theater, die Speicherstadt und die Reeperbahn mit ihren »Tanzenden Türmen«. Auf die Rickmer Rickmers und die Industrieanlagen. Von hier oben ist es im wahrsten Sinne kinderleicht, zu verstehen, dass manche Hamburg die schönste Stadt der Welt nennen.

Adresse Platz der Deutschen Einheit, 20457 Hamburg-HafenCity // ÖPNV U 3, Haltestelle Baumwall, oder U 4, Haltestelle Überseequartier, Bus 6, Haltestelle Auf dem Sande, circa 550 Meter Fußweg, Bus 111, Haltestelle Am Kaiserkai (Elbphilharmonie), circa 150 Meter Fußweg; Fährlinie 72 (ab Landungsbrücken): Anleger »Elbphilharmonie«, circa 80 Meter Fußweg // Öffnungszeiten Mo – So 9 – 24 Uhr, Eintritt frei, Ticket-Reservierung 2 Euro (erst ab drei Jahren nötig) // ab drei Jahre

TIPP: Am Miniaturwunderland und an den Marco-Polo-Terrassen fährt der Doppel-decker-Sightseeing-Bus ab – selbst fast schon ein Hamburger Wahrzeichen, das alle anderen abklappert. Mitfahren empfohlen!

24_ DER ENERGIEBERG GEORGSWERDER

Windrad drauf, Müll (fast) weg

Eigentlich hat Hamburg ja fast keine Berge. Wenn also doch welche da sind, sollte man misstrauisch sein. So auch bei diesem »Energieberg«. Hier hat die Stadt sich an ein altes Spiel aus Kindertagen erinnert: abdecken und »Bin weg!« rufen. Unter der Erhebung auf der Elbinsel befindet sich eine alte Giftmülldeponie. Von 1967 bis 1979 wurde hier fässerweise Gift entsorgt. Dann wurde sie erst stillgelegt und schließlich versiegelt. Alles, was doch hinausgelangt, wird aufgefangen. Obendrauf thronen heute ein Windpark und ein wunderschöner Rundweg, der eine Bombenaussicht auf die Stadt ermöglicht.

Insofern stecken in diesem Ausflugsziel gleich mehrere Weisheiten. Erstens: Hamburg ist wunderschön, erst recht leicht von oben betrachtet. Zweitens: Selbst aus einem Müllberg lässt sich noch was Gutes machen, in dem Fall wird aus entweichenden Zersetzungsgasen Energie gewonnen, und ein Ausflugsziel wurde geschaffen. Außerdem produzieren nun Windräder und eine Fotovoltaikanlage auf der Ex-Deponie sauberen Strom. Aber drittens auch: Der Müll ist natürlich nicht wirklich weg. Unter der Abdeckung, die nach dem Prinzip Regenschirm funktioniert, sind die 200.000 Tonnen Giftmüll noch da. Vielleicht fassen bei der Erkenntnis Dutzende Kinder den Entschluss, als Erwachsene an der Lösung dieses Problems zu forschen. Oder aber sie legen nun beim Kommando »Aufräumen« nur noch eine Decke aufs Chaos. In beiden Fällen hätten sie viel gelernt.

TIPP: In Laufnähe befindet sich die berühmte Ballinstadt, ein originalgetreuer Nachbau der Hallen, in denen zwischen 1850 und 1939 Tausende Auswanderer auf ihre Schiffe warteten. Ein spannendes Stück Hamburger Geschichte.

Adresse Fiskalische Straße 2, 21109 Hamburg-Wilhelmsburg // **ÖPNV** S 3 oder S 31, Haltestelle Veddel, von dort zehn Minuten Fußweg // **Öffnungszeiten** April – Okt. Di – So 10 – 18 Uhr, bei Gewitter geschlossen! // ab acht Jahre

25_ DIE ENGSTE GASSE DER STADT

Hier passt kein Pferd durch!

Wenn Häuser Verstecken spielen wollten, würden sie es genau so machen wie die am Valentinskamp. Verborgen hinter Bürogebäudekomplexen und modernen Wohngebäuden, quasi im Schatten des ehemaligen Springer-Gebäudes, sind diese Uralt-Bauten geschützt vor Blicken. Die findet man nur, wenn man will.

Sie sind die Reste einer historischen Bebauung Hamburgs, die schon im 18. Jahrhundert Probleme bereitete! Denn die Häuser standen so dicht beieinander, dass da kein Pferd durchkam. Hieß: Keine Wasserlieferung per Pferdewagen war möglich, kein Feuer war zu löschen. Die Menschen tranken aus den gleichen Fleeten, die sie als Toilette benutzten. Logische Folge: Die Choleraepidemie erreichte hier Ende des 19. Jahrhunderts einen traurigen Höhepunkt. Die Hygiene war einfach so mies, der Lebensraum so eng, dass sich Tausende Menschen ansteckten.

Heute stehen deswegen nur noch sehr wenige dieser Häuser, viele wurden abgerissen oder fielen dem Krieg zum Opfer. Aber umso beeindruckender ist der Anblick der letzten. Raus aus der U-Bahn in Richtung Caffamacherreihe, geradeaus weitergehen und nach dem ersten Gebäude beherzt nach rechts in einen Innenhof einbiegen: Da steht man in den Resten des Gängeviertels, das heute von Künstlern bewohnt wird. Hier sieht man noch genau, wo die alten Häuserreihen verliefen, auch wenn nicht mehr alle erhalten sind. Wer Richtung Himmel blickt, entdeckt oberhalb einer Mauer den Originalabstand der Häuser. Prädikat: »Krass!«

TIPP: Die wunderschöne Laeiszhalle liegt buchstäblich um die Ecke. Dort finden immer wieder tolle klassische Konzerte für Kinder, Teenager oder Familien statt. Infos unter elbphilharmonie.de.

Adresse Bäckerbreitergang, 20355 Hamburg-Neustadt //
ÖPNV U 2, Haltestelle Gänsemarkt // Öffnungszeiten frei
zugänglich // ab drei Jahre

26_DAS EPPENDORFER MOOR

Ein gruseliges Stück Natur

Warum eigentlich finden wir Moore so unheimlich? Als Antwort reicht ein Blick über das Eppendorfer Moor in der herbstlichen Morgensonne: Es ist der Nebel. Wie Gespenster wabern seine Schwaden über Gewässer und Wiesen, sodass man kaum sieht, wohin man geht oder wer sonst noch unterwegs ist. Ein schaurig-schönes Naturschauspiel, das man im größten innerstädtischen Moor Mitteleuropas beobachten kann.

Von außen sieht es aus wie ein Wäldchen, niemand würde ein Moor hier zwischen Flughafen und Eppendorf vermuten. Und klar, die volle Idylle gibt es hier nicht, denn Flugzeuge und Autos sind immer noch zu hören. Aber das ist auch nicht so wichtig. Das Eppendorfer Moor lebt nicht von Abgeschiedenheit, sondern gerade davon, dass es in so zentraler Lage dennoch Hunderte Tierarten beherbergt und dass die Landschaft einen so heftigen Kontrast zur Asphaltwüste nur Minuten entfernt bildet.

Wer also naturferne Stadtkinder in Hamburg fürchtet, der wird hier einmal mehr widerlegt: Es ist kein Problem, Kindern mitten in der Stadt echte botanische und zoologische Seltenheiten zu präsentieren. Sieben Libellen-, 150 Nachtfalter-, über 600 Schmetterlings- und rund 320 Pflanzenarten – rein in die Gummistiefel und ab ins Moor! Denn versinken kann man hier nicht, das ist ein Mythos. Aber ein gruseliger, der gut zum Nebel passt – wer also genug geguckt hat, der mag sich vielleicht Schauergeschichten erzählen?

TIPP: Einen echten Kinderort gibt es in der Nähe eigentlich nicht. Aber wer mit dem Auto unterwegs ist, schafft es in kurzer Zeit zum Flughafen: Flugzeuge gucken, Modellschau bestaunen, träumen.

Adresse zwischen Alsterkrugchaussee und Flughafen in 22453 Hamburg-Groß Borstel // **ÖPNV** Bus 114, Haltestelle Orchideenstieg, oder Bus 214, Haltestelle Klotzenmoor, von dort wenige Minuten Fußweg // ab fünf Jahre

27 _ DER ERDBEERHOF GLANTZ

Wo Eltern und Kinder rot sehen

Erdbeerzeit ist für Kinder ja fast so cool wie die Vorweihnachtszeit. Schade nur, dass man in der Großstadt nicht ganz so viel davon hat. Klar, man kann sie kaufen. Aber noch besser als in den Supermarkt fährt man ins nahe gelegene Delingsdorf. Etwa eine halbe Stunde von Hamburgs Innenstadt entfernt, liegt hier mit dem Erdbeerhof Glantz das Erdbeer-Paradies zum Selberpflücken.

Dieser Hof ist bemerkenswert. Denn erstens gibt es natürlich die riesigen Felder mit Erdbeeren (und Himbeeren, sobald die reif sind!). Wer zu Saisonzeiten daran vorbeifährt, sieht oft Dutzende gebückter Menschen mit Pappschalen in der Hand, die Früchte pflücken. Aber das ist längst nicht alles. Auf dem Hof locken ein kleiner, eingezäunter Spielplatz, ein Interior-Shop mit Kleinigkeiten, ein Restaurant und, natürlich, ein Stand, an dem man allerlei Erdbeer-Spezialitäten kaufen kann. Damit bietet der Hof nicht nur einen schönen Ausflug – sondern auch ein paar echt leckere Souvenirs. Und auch wenn die Betreiber das vielleicht nicht gern lesen: Während des Pflückens ein wenig zu naschen gehört zum guten Ton. Deswegen halten auch kleine Kinder hier immer ein bisschen länger durch als bei ganz gewöhnlichen Spaziergängen durch die Natur: Weil die Verpflegung frisch, nur eine Armlänge entfernt und selbst geerntet ist. Herrlich!

TIPP: In der Vorweihnachtszeit kann man auf einer nahe gelegenen Wiese, die ebenfalls zum Hof gehört, seinen Weihnachtsbaum ganz easy selbst sägen. Kinder lieben das Aussuchen!

Adresse Hamburger Straße 2a, 22941 Delingsdorf //
ÖPNV RB nach Ahrensburg, Bus 8110, Haltestelle
Delingsdorf, Lohe **//** **Öffnungszeiten** je nach Saison,
Infos unter https://delingsdorf.glantz.de **//** ab null Jahre

28_DIE ESELEI

Auf sechs Beinen durch die Stadt

Entschleunigung – was für eine wohltuende Mode, die schon einige Trendsportarten hervorgebracht hat. Walken soll als seelische Bremse gut funktionieren oder Bergsteigen oder Yoga. Klar, dass in einer Millionenmetropole wie Hamburg manchen Besuchern, zumal Eltern, der Trubel gelegentlich zu dicke kommt. Da bietet die Eselei in Bergedorf einen ebenso ungewöhnlichen wie schlauen Ausweg, der sich mit Nachwuchs prima nutzen lässt: Eselwanderungen. Und das in S-Bahn-Nähe!

Klingt erst mal verrückt, aber wer es wagt, merkt: Das Konzept geht auf. Denn nicht nur, dass man das eigene Tempo zu Fuß erheblich drosselt. Die Begleittiere tun ihr Übriges und bestimmen häufig über Ruhezeiten. Denn wenn ein Esel nicht läuft, hilft kein Wollen. Da ist Warten angesagt. Eltern mit Kindern in eher durchsetzungsstarken Phasen nehmen vom Tier vielleicht leichter eine Lektion an; dass es eben nicht immer so »läuft«, wie der erwachsene Mensch sich das vorstellt. Und Kinder? Nehmen es meist gelassen, ab dem Schulalter gehen sie mit den großen, sanften Tieren schon sehr liebevoll um. Reiten dürfen sie leider nicht, die Esel tragen nur den Proviant. Allen, denen Halb- oder Ganztagstouren (sie führen über den Geesthang, durch den Sachsenwald, die Boberger Dünen oder entlang der Bille) noch Probleme machen, sei also eine Trage empfohlen. Aber in den Pausen, da darf dann ausgiebig gekuschelt werden mit Pinuù und Paula. Und das, das ist doch auch schon wieder ganz schön entspannend.

TIPP: Losgehen kann man zum Beispiel in Geesthacht. Wer das tut, sollte zuvor unbedingt im Café Elbkantinchen einkehren. Riesige Sandkiste, leckere hausgemachte Kuchen und Speisen plus eine Traumlage an der Elbe.

Adresse Brookdeich 288, 21029 Hamburg-Bergedorf //
ÖPNV S 21, Haltestelle Bergedorf, Bus 8890, Haltestelle
Holtenklinke // **Öffnungszeiten** Touren werden indivi-
duell erstellt – alles zwischen einem halben und zwei
Tagen ist möglich. Infos unter www.klangohren.de.
ab sechs Jahre

29_ DAS FEUERWEHRMUSEUM NORDERSTEDT

Rot, rot, rot ist alles, was Sie sehen

Es gibt diese Zeit, da sind Kinder von allem fasziniert, was »Tatütata« macht. In dieser Phase ist das Großstadtleben ein echter Pluspunkt, denn die Kids haben oft Gelegenheit, ihren Idolen von Feuerwehr, Polizei und den umliegenden Kliniken hinterherzuschauen. Wem aber das Hinterherschauen nicht mehr genügt, der findet sein Paradies in Norderstedt, das ganz im Norden an Hamburg grenzt. Das dortige Feuerwehrmuseum beherbergt nicht weniger als 50 ehemalige Einsatzfahrzeuge.

Eigentlich dürfen die historischen Fahrzeuge nicht angefasst oder betreten werden. Da sich aber meistens irgendwo ein Mitarbeiter findet, der sie pflegt, lohnt Nachfragen. Dann kann es schon mal sein, dass man sich als Familie plötzlich in einem Feuerwehrlaster von 1942 wiederfindet. Oder im Opel Blitz von 1939, selbst der hat TÜV und Abgasuntersuchung und ist fahrbereit. Insofern ist die Sammlung nicht nur für Feuerwehr-, sondern auch für Oldtimer-Freunde hochinteressant.

Toll, dass Kinder nicht nur zugucken dürfen. Eine eigene Spielecke lässt sie Notrufe simulieren (und »annehmen«), ein halbes Feuerwehrauto, original Helme und Uniformen machen sie zu fast ganz wirklich echten Feuerwehrleuten. Da kann es schon mal laut und trubelig werden, wenn alle »Notruf« und »Feuer« durcheinanderrufen. Aber hey, in diesem Museum ist Action Programm.

Bei gutem Wetter lohnt es, einen Picknickkorb einzupacken: Auf dem Feuerwehr-Spielplatz können Familien dann superentspannt chillen. Aber klar, ein Restaurant ist auch da – schließlich müssen Hunger und Durst ja auch mal gelöscht werden.

Adresse Friedrichsgaber Weg 290, 22846 Norderstedt // ÖPNV U 1 oder A 2, Haltestelle Norderstedt Mitte, von da etwa 13 Minuten Fußweg // Öffnungszeiten Mi–Sa 15–18 Uhr, So 11–18 Uhr // ab einem Jahr

TIPP: Der Stadtpark Norderstedt ist ein sehr beliebtes Ausflugsziel – ein hübsches Stück Grün inklusive Streichelzoo. Top!

30_DIE FRANK'SCHE SIEDLUNG

Hamburgs schönstes Dorf – mit Bootsanschluss

Manchmal reicht ein Blick auf die Häuserpreise einer Gegend, um zu wissen: Das muss was Besonderes sein. Das gilt für die kleinen Kapitänshäuschen in Blankenese genauso wie für eigentlich schmucklose Souterrainwohnungen an der Alster. Je teurer die Bude, desto »wow« die Gegend. Und so kann man auch darauf kommen, dass Klein Borstel eine Reise wert sein muss, denn der Preis der vier Meter breiten Reihenhäuschen dort hat sich allein in den vergangenen 40 Jahren verzwanzigfacht.

Die Frank'sche Siedlung wurde ab 1935 erbaut, 545 baugleiche Häuser von gerade mal je vier Metern Breite. Trotz der Preise ist der Run auf die Siedlung ungebrochen, denn Klein Borstel ist das vielleicht hübscheste Dorf der Stadt. Auf den Privatstraßen der Siedlung herrscht Schritttempo, und die vielen Kinder dort können mit ihren Laufrädern durch Fußgängerwege hinter den Häusern kacheln, ohne in Gefahr zu geraten.

Oberhalb der Siedlung lockt Toms Eiscafé mit unprätentiösem, aber leckerem Angebot, und eine S-Bahn-Station liegt, umgeben von einem Feinkostladen, einem Buchshop, einem Floristen und der kleinen Post, in Steinwurfdistanz. Schöner aber als mit der Bahn reist man mit dem Kanu an und ab. Denn der Alsterlauf liegt direkt gegenüber der Siedlung, einzig die Wellingsbütteler Landstraße muss überquert werden. Wer in der Dämmerung den Heimweg antritt, findet hier schließlich ein ziemlich einzigartiges Vergnügen: den über 500 Häusern in die Küche zu blicken. Alle baugleich, jedes anders eingerichtet. Eine schöne Lektion darüber, dass auch in einer Gemeinschaft jeder einzigartig ist.

Adresse Stübekamp, Övern Block, Wellingsbütteler Landstraße, 22337 Hamburg-Klein Borstel // **ÖPNV** S 1 und S 11, Haltestelle Kornweg // ab einem Jahr

TIPP: Etwa zehn Minuten Fußweg den Alsterlauf entlang Richtung Innenstadt liegt ein herrlicher Abenteuerspielplatz inklusive charmantem Kiosk.

31_ DAS FREIBAD FINKENWERDER

Pommes mit Aussicht

Es gibt sie noch, die Freibäder aus unserer Kindheit. Wo der Kiosk ehrliche Pommes und traditionelle Süßigkeiten verkauft. Wo das Wasser aus den Duschen eiskalt und der Weg zum Becken mit Betonplatten gepflastert ist. Das Freibad Finkenwerder wäre also für Nostalgiker ein solider Tipp. Aber es ist eben doch etwas ganz Besonderes, denn es liegt direkt an der Elbe. Man kann ein kleines Stück mitschwimmen mit den Schiffen, die diese Stadt so prägen.

Vielleicht bekommt man Hamburg hier ein kleines Stück authentischer als anderswo, wo die Stadt viel Geld und einen nimmermüden Modernisierungstrieb hat. Klar sind auch hier die Anlagen sehr gepflegt, niemand würde Gammeligkeit als Nostalgie durchgehen lassen. Dafür ist der städtische Bäderbetrieb »Bäderland« viel zu organisiert. Aber es wurde eben nicht übersaniert. Statt Dutzende Attraktionen zu bieten, liegt das Bad wie eine Insel an der Elbe, neben der die Stadt, der Fluss und seine Schiffe noch die Hauptattraktion sein dürfen. Gerade wenn man als arbeitendes Elternteil das Gefühl hat, von seiner Heimat um sich herum nicht mehr viel mitzubekommen, weil die Zeit fehlt, dann ist dieses kleine Bad eine echte Heimat-Tankstelle. Wo man gleichzeitig den Duft von Pommes, Chlor und der weiten Welt einatmet. Mehr Attraktion geht doch eigentlich nicht.

TIPP: Wenige Kilometer entfernt fährt man stadteinwärts über die Kattwykbrücke. Deutschlands größte Hubbrücke ist ein bildschönes Bauwerk – und hebt sich für den Schiffsverkehr bis zu 46 Meter hoch. Ein einmaliger Anblick!

Adresse Finksweg 82, 21129 Hamburg-Finkenwerder //
ÖPNV am besten mit dem Schiff! Linie 62 oder 64
bis Teufelsbrück, danach zehn Minuten Fußweg //
Öffnungszeiten im Sommer Mo – Do 10 – 20 Uhr,
Fr 8.30 – 20 Uhr, Sa, So 10 – 18 Uhr _N_ ab acht Jahre,
jüngere Kinder mit ihren Eltern

32__DAS FREILICHTMUSEUM AM KIEKEBERG

Gleich 40 Sachen auf einmal? Das geht!

Die Überschrift ist von einer sehr populären Süßigkeit geklaut, die mit Spannung, Spiel und Schokolade wirbt. Aber das wirkt so was von übersichtlich, wenn man es mit dem Museumshof Kiekeberg vergleicht! Kurz die Fakten: Es handelt sich um ein zwölf Hektar riesiges Gelände, auf dem 40 (!) Gebäude verschiedene Welten eröffnen. Zum Beispiel eine Ziegelei, ein Hühnerstall oder ein Kartoffelspeicher, alle mit historischem Hintergrund. Deswegen: Zeit einplanen, Mut zur Lücke, alles wird man nicht sehen können. Und dann auf in den Spaß am Kiekeberg.

Zu bestimmten Terminen wird hier »gelebte Geschichte« reenacted, das heißt, man kann echten Menschen zugucken, wie das so war auf dem Bauernhof im Jahr 1804. So, und dazu kommen nun noch Nutztierrassen, wie sie um 1900 typisch waren für einen norddeutschen Bauernhof. Süß, diese bunten Bentheimer Schweine, die hier ordentlich Auslauf haben und ein ziemlich glückliches Leben!

Und wem all die interessanten Einblicke ins Leben unserer Vorfahren noch nicht genug waren, der macht sich auf in eine der Dauerausstellungen: zum Beispiel in die »Spielwelten«, die Spielzeugläden aus verschiedenen Jahrzehnten präsentieren. Auf jeden Fall Anlass für ein bisschen »Wir Kinder der 80er Jahre«-Nostalgie! Und – denn damit ist die Aufzählung immer noch nicht vollständig – im »Agrarium« geht es um die Geschichte der Landwirtschaft. Klingt vielleicht dröge, ist aber eine Topsammlung alter Fahrzeuge und ein echter Hammer für Kinder. Für einen Besuch ist das alles vielleicht nichts. Aber für zwei. Oder drei. Oder mehr.

Adresse Am Kiekeberg 1, 21224 Rosengarten // **ÖPNV** ab Harburg-ZOB Bus 340 oder 4244, Haltestelle Ehestorf Museum am Kiekeberg // **Öffnungszeiten** Di–Fr 9–17 Uhr, Sa, So und Feiertage 10–18 Uhr // ab drei Jahre

TIPP: Nur wenige Kilometer entfernt liegt der Wildpark Schwarze Berge. Das riesige Gelände ist ein Traumfleck Natur und beherbergt viele heimische Wildtiere. Ein Aussichtsturm erlaubt einen Weitblick bis nach Hamburg. Es gibt Kombikarten für beide Stätten!

33_ DAS FROHSTOFF

Mit dem Sieb zum Hipster-Style

»Altes Handwerk«, das klingt erst mal wie »uncool in zwei Worten«, eine häkelnde Omi oder kratzige Wollpullis anno 1978. Falsch! Mittlerweile ist der »Crafted«-Trend überall angekommen, und wenn man Vorreiter und Speerspitzen dieses Trends in Hamburg sucht, kommt man an »Frohstoff« nicht vorbei. Denn in dem kleinen Laden in der Neustadt wird Siebdruck betrieben – und in Kursen vermittelt. Wer auf Handwerk steht, bei dem die Resultate wirklich cool aussehen, der ist hier richtig.

Der Laden ist schon optisch ein Hammer mit seiner originalen Einrichtung aus den 1930er Jahren, die damals allerdings einem Kaufmann gehörte. Jetzt stapeln sich in den Regalen Papierwaren und Textilien, die eigentliche Werkstatt wartet im Untergeschoss. Denn klar kann man sich hier einfach witzige, schöne, abgedrehte und individuelle Sachen drucken lassen. Man kann das aber vor allem auch selbst tun. Etwa ab neun Jahren halten Kids so einen Kurs von sechseinhalb Stunden (inklusive Pausen) gut durch – und gehen mit ihren ersten Designerstücken Marke Eigenbau nach Hause. Dabei kann man sich aussuchen, ob man sich an einer Tasche, einem Mousepad, einer Tischdecke oder etwas ganz anderem versuchen möchte.

Aus Farbe, einem Siebrahmen, Licht und Stoff wird an einem Tag also ein echtes, aber nützliches Kunstwerk – und Spaß macht das auch noch. Eine coole Idee, wenn man vor allem Teenager mal wieder dazu bringen möchte, was mit den Eltern zu unternehmen.

TIPP: Das Hamburger Shopping-Zentrum rund um den Gänsemarkt und Jungfernstieg ist nur ein paar Minuten entfernt – danach kann man also herrlich noch in den Boutiquen der großen Ketten stöbern.

Adresse Wexstraße 38, 20355 Hamburg-Neustadt //
ÖPNV U 2, Haltestelle Gänsemarkt, oder diverse
U- und S-Bahnen bis Haltestelle Jungfernstieg, von
dort wenige Minuten Fußweg // **Öffnungszeiten**
Mo–Fr 11–19 Uhr, Sa 11–16 Uhr // ab neun Jahre

34_ DER FUHLSGARDEN

Eine grüne Oase mit Gesinnung

Urban Gardening ist eine weltweite Bewegung, und ein bisschen Politik steckt schon dahinter. Denn ihr geht es nicht allein darum, dass Städter mal ein paar Kartoffeln ausbuddeln oder lokale Lebensmittel genießen können. Sondern auch darum, zu zeigen, was schiefläuft in der Ernährungsindustrie und wie man es besser machen könnte. Eine Hamburger Institution, die diesen Gedanken besonders sozial, durchdacht und kinderfreundlich weiterträgt, ist der FuhlsGarden.

Versteckt in einer kleinen Parkanlage Barmbeks liegt das Gartengelände, das eigentlich zu einer Kita gehört. Hier öffnet sich, unerwartet mitten im Wohngebiet, eine kleine Pforte zu einem Areal voller liebevoll kultivierter Beete. Der malerische Garten beweist, dass es auch in Hamburg gelingen kann, sich zumindest in Teilen lokal und saisonal zu ernähren, denn hier wachsen Zucchini, Tomaten, Mangold, Lauch, Melisse, Zwiebeln, Salat, Erdbeeren, Äpfel, ach, es ist bunt hier! Daneben erlebt man, dass Menschen nachbarschaftlich mit einer Fläche umgehen können, die eben nicht »jemandem«, sondern »allen« gehört. Vor allem aber können Kinder eine unerwartete Portion Natur abgreifen. Willkommen ist buchstäblich jeder, der helfen oder lernen möchte. Klar, dass auch das Ernten und Genießen manchmal zu einem gemeinsamen Abendessen führt. Dann geht die Liebe zum Gärtnern buchstäblich durch den Magen.

Toll: Ein Ausflug ins Grüne ist eben manchmal nur zwei, drei Bushaltestellen entfernt.

TIPP: Im gleichen Park, auf der anderen Seite der Steilshooper Straße, wartet ein schöner Spielplatz mit Haus und viel Spielzeug. Nice!

Adresse Steilshooper Straße, Ecke Langenfort, neben dem ehemaligen Wendebecken, 22307 Hamburg-Barmbek // **ÖPNV** Bus 177 und 277, Haltestelle Langenfort // **Öffnungszeiten** So ab 14 Uhr – open end // ab null Jahre

5_ DER GEISTER-
SPIELPLATZ

Paradies für Kinder, Sprayer und Parkourfans

Kleiner Spoiler vorweg: Gruselig ist hier eigentlich gar nichts. Der Spielplatz hat seinen Namen weg, weil ein paar der Geräte dort mit Masken bemalt wurden. Darüber sehen auch zarte Seelen einfach hinweg, also nicht einschüchtern lassen. Sensationell an ihm ist die Kulisse, vor der er gebaut wurde. Er liegt im Inneren eines Vier-Sei-ten-Ensembles aus liebevoll renovierten Industrielofts. Zwischen den Kindergeräten ragen Ruinenbruchstücke des ehemaligen Stra-ßenbahndepots empor. Alte Bäume spenden auch an heißen Tagen angenehmen Schatten – und nur das gleichmäßige Rauschen des Verkehrs erinnert daran, dass er mit seiner Lage zwischen Eimsbüt-tel und Eppendorf urbaner kaum liegen könnte. Denn zu sehen ist davon nichts, den Blick auf die Straße gibt dieses Idyll nicht frei.

So einzigartig die Location, so bunt das Publikum: Die Kinder klettern und rutschen, die Eltern fläzen auf Picknickdecken, junge Erwachsene nutzen die Backsteinmauern, um ihre Parkour-Fähig-keiten zu perfektionieren. Macht Spaß, da zuzusehen – und auch Kleine wachsen mit solchen Vorbildern schon über sich hinaus. Und schließlich sind da noch die Sprayer, die Werk für Werk an der nach Westen begrenzenden Mauer übereinanderlayern. Allein das kann Kinder schon mal eine Viertelstunde fesseln. Kunst, die nur bis zum nächsten Sprayer überlebt – eine passende Metapher dafür, den Augenblick zu genießen. Schön, wenn man das mit Kindern in so einem ein-maligen Am-biente tun kann.

TIPP: Wer noch nicht genug vom Spielen hat, der erreicht in weniger als einer Viertelstunde den Spielplatz am Weiher. Der punktet mit einem großen Planschbecken für heiße Tage.

Adresse Gärtnerstraße 13, 20253 Hamburg-Hoheluft-West // **ÖPNV** Bus 5, Haltestelle Eppendorfer Weg (Ost) // ab null Jahre

36__DER GLOBETROTTER

Ein echtes Outdoorerlebnis, nur drinnen

Wer Shopping mit Kindern mag, muss sehr, sehr ruhige Kinder haben. Oder überirdisch starke Nerven. Denn in Wirklichkeit kann das schon ganz schön fordern. Deswegen brauchen Eltern Orte, an denen man einkauft und gleichzeitig Action für die Kinder hat. In Hamburg gibt es dafür den perfekten Spot: die Globetrotter-Filiale.

Das Angebot, klar: Outdoorkleidung und -zubehör aller Art. Und übrigens ist auch die Bücherecke für Kinder mehr als nur einen Blick wert. Fokus auf Abenteuer, Natur und Hamburg – unglaublich, wie viele gute Bücher sich da finden lassen, wenn ein liebevoller Kurator danach sucht! Vor allem bietet aber bietet die »Erlebnis-Filiale«, so nennen die Macher den Shop, auf 4.000 Quadratmetern gleich mehrere Highlights. Die Kletterwand ist so eins. Zum Testen von Ausrüstung gedacht, reicht sie allemal, damit Kids ihre Leidenschaft fürs Kraxeln entdecken (direkt daneben lockt eine kleine Kaffee-Station für die Eltern).

Oder die Kältekammer! Eigentlich soll man hier Jacken unter Realbedingungen anprobieren. Aber hey: Was, wenn die Kälte an sich schon spannend ist? Kleine Warnung: Dadrinnen ist es bis zu minus 28 Grad eisig! Und schließlich gibt es da noch eine Ameisenkolonie unter Glas im ersten Stock. Da kann schon mal eine Viertelstunde draufgehen, wenn man wissen möchte, ob die Ameise ihr Blättchen wirklich bis zum Ende des Tunnelsystems schleppt!

Ein Highlight ist auch die Zeltabteilung. Gerade für Kinder, die nicht jede Ferien campen gehen oder so klein sind, dass für sie die bloße Existenz von Zelten ein irres Abenteuer ist, ist das hier ein Knaller.

> **TIPP:** In Laufnähe befindet sich die Bücherhalle Barmbek – hier gibt es häufig Vorlese- und andere tolle Events für Leseratten. Termine unter buecherhallen.de.

Adresse Wiesendamm 1, 22305 Hamburg-Barmbek-Nord // **ÖPNV** U 3, S 1 oder S 11, Haltestelle Barmbek // **Öffnungszeiten** Mo – Sa 10 – 20 Uhr // ab einem Jahr

37_DAS GUT WULKSFELDE

Raus, raus, das Ziel ist raus!

Die schönsten Stunden für Eltern? Die kuscheligen, harmonischen, in denen sich alles perfekt anfühlt, egal, wie wild das Chaos im Leben tobt, klar. Aber auch die, in denen man zusammen einen Ausflug unternimmt, der eben nicht nur für die Kinder stattfindet, sondern bei dem alle Spaß haben. Ein Spagat, der auf Gut Wulksfelde mühelos gelingt, sogar mit kleinen Kindern.

Auf dem Bioland-Betrieb wachsen Kartoffeln, Getreide und Erdbeeren auf einer Fläche von 283 Hektar. Mal übersetzt: Wäre das Gelände ein Parkplatz, fänden auf ihm fast 371.000 Fiat 500 Platz! Stattdessen findet man hier Pflanzen und entspannte Rinder, Schweine und Hühner, die von Massentierhaltung nichts ahnen. Je nach Jahreszeit kann man hier selbst ernten, was gerade reif ist: Erdbeeren, Kartoffeln oder Blumen. Für Besucher gibt es einen Hofladen, ein Hofcafé und einen Streichelzoo mit Spielplatz. Manchmal ist es aber auch der stillgelegte Traktor, mit dem Kleinkinder sich eine Stunde beschäftigen können. Das Gutscafé lässt einen Speisen und Getränke easy mit rausnehmen.

Mit anderen Worten: Auch wenn Kinder und Eltern nicht jeden Moment der gleichen Beschäftigung nachgehen, sind sie hier doch entspannt gemeinsam unterwegs. Und während die Kinder Ziegen und Esel streicheln und sich auf der (abgesehen vom Parkplatz) autofreien Fläche richtig austoben, können die Erwachsenen sich zurücklehnen und das Landleben genießen – gerade mal 20 Minuten vom Großstadttrubel entfernt. Und zum Kartoffelfest verwandelt sich dieser weitläufige Ort in ein gut mit Menschen gefülltes Festivalgelände – nur in familienfreundlich statt laut.

Adresse Wulksfelder Damm 15, 22889 Tangstedt // ÖPNV U 1, Haltestelle Hoisbüttel, danach Bus 474, Haltestelle Wragekamp, von dort etwa eine Viertelstunde Laufweg // Öffnungszeiten Gutscafé Fr–So 10–18 Uhr, Gutsküche Di–Sa 12–15 und 18–22 Uhr, für den Sonntagsbrunch unbedingt reservieren! // ab null Jahre

TIPP: Nicht weit entfernt, an der Tangstedter Landstraße, liegt der Golfclub Treudelberg – da können schon Schulkinder ihrem Handicap entgegentrainieren.

38_DIE HALLE

Hoch springen, weich landen

Es klingt so logisch, seit die Idee einmal da war: Hamburg hat seit 2017 eine Parkour-Halle. In der Halle können Kinder und alle, die es geblieben sind, auf Treppen, an Wänden und Gerüsten klettern, hangeln, springen, laufen. Für Saltolandungen gibt es ein XXL-Luftkissen. Ein sehr sportlicher Spaß mitten im Quartier Oberhafen.

Allein diese Lage in der Stadt wäre übrigens einen Besuch wert. Quasi an der Spitze der HafenCity liegt dieser Gebäudekomplex, zwei Hallen vis-à-vis, in die man über kleine Treppen gelangt (die Elbe ist nah, so viel Hochwasserschutz muss sein). Die Architektur der Gebäude ist das, was Hamburg so schön macht, Rotklinker meets Industrienostalgie. Die Nähe zum Hafen, auf dem Weg zur Halle hört man die Möwen schreien, tut ihr Übriges. Und dann entert man diesen Tempel des Freestyle-Sports, der so gar nichts von antiquierter Turnhallen-Ästhetik hat. Stattdessen: Verkleidungen aus Spanplatten, zehn Meter hohe Decken, viel Licht dank der zahlreichen alten Industriefenster ringsum. Quasi ein Freestyle-Loft in einer der schönsten Gegenden der Stadt!

Hier nun haben die Macher alles aufgebaut, was es zum Springen, Drehen, Hangeln braucht, da schmerzt der elterliche Bizeps (oder Meniskus) schon vom Zusehen. Wer fit ist, kann sich hier richtig austoben. Da soll noch mal irgendeiner sagen, Stadtkinder hätten nicht so viel Bewegung – fliegen können die! Fast so hoch wie die Möwen, die über dem Hafengelände kreisen. Und die Landung sieht auch noch viel cooler aus.

TIPP: Am Eingang des Areals liegt die Oberhafen-Kantine, eine Kultstätte, die jahrelang wegen Einsturzgefahr geschlossen war. Heute ist sie wieder offen und eine Toplocation für Kaffee und Co.

Adresse Stockmeyerstraße 41, 20457 Hamburg-HafenCity //
ÖPNV U 1, Haltestelle Steinstraße, danach zehn Minuten
Fußweg // **Öffnungszeiten** je nach Alter und Kurs, Infos
unter www.diehalle.hamburg/oeffnungszeiten // ab acht Jahre,
jüngere Kinder mit ihren Eltern

39_ HARRYS HAFENBASAR

Ein Seemannsgruß aus alten Zeiten

Dieses irre Museum kann es nur in Hamburg geben! Denn der Hafenkran, vollgestopft mit skurrilen Mitbringseln aus allen Ländern der Erde, erzählt ein echtes Stück Seemannsgeschichte. Früher war Harrys Hafenbasar ein Souvenirshop in der Nähe der Reeperbahn. Dorthin brachten Seeleute, was sie so auf ihren Reisen ergattert hatten, und aus heutiger Sicht ist die Sammlung unfassbar. Wir sprechen hier über Schrumpfköpfe. Einen ausgestopften Schimpansen. Masken. Waffen. Schmuck. Präparierte Krokodile!

Klar dürfen solche Dinge heute überhaupt nicht mehr verkauft werden. Schon deshalb hatte sich das Shop-Konzept von Harrys Hafenbasar irgendwann überlebt. Aber angucken ist umso schauriger! Deshalb lebt die Kuriositätensammlung nun stattdessen als Museum weiter, in dem man noch zeitgemäße Kleinigkeiten erwerben kann. Für Kinder bietet das Abtauchen in den Schiffsrumpf ein riesiges Abenteuer. Allein wegen des Schiffes, die Elbwellen schaukeln Besucher sanft den Rundgang entlang. Aber auch wegen der verrückten und stellenweise supergruseligen Exponate. Kleine Warnung: Kleinkinder mag das noch überfordern, die zahlreichen Masken zum Beispiel sind ganz schön gruselig und nichts für zarte Seelen. Für Ältere sind die 33 Kammern auf 200 Quadratmetern mit Sicherheit ein Highlight.

TIPP: 20 Minuten Fußweg entfernt, bei den St. Pauli Landungsbrücken, liegt eine andere Einzigartigkeit Hamburgs: der Alte Elbtunnel. Auch hier geht es abwärts – und man kann toll in einmaligem Ambiente Fahrrad fahren oder laufen!

Adresse Am Sandtorkai 60–62, Ponton Nummer 5, 20457 Hamburg-HafenCity // **ÖPNV** U 3, Haltestelle Baumwall, von dort über die Brücke bis zum Ponton laufen // **Öffnungszeiten** Sa, So 11–15 Uhr // ab acht Jahre

40_DIE HAUSBOOTE

In den Schlaf schaukeln inklusive

Hamburg hat mehr Brücken als Venedig. Zwei große Flüsse. Einen Hafen von Weltrang. Man kommt in dieser Stadt nicht sehr weit, ohne Blau zu sehen. Da ist es eigentlich nur logisch, dass man hier nicht nur zu Lande übernachten kann, sondern auch da, wo das Leben dieser Stadt stattfindet: auf dem Wasser – zum Beispiel auf einem Hausboot.

Dafür gibt es eigene Anleger, zum Beispiel auf dem Mittelkanal in Hammerbrook. Eigentlich sollte hier am Hochwasserbecken wohl mal eine richtige Siedlung aus Hausbooten entstehen, das hat noch nicht recht geklappt, wenn man sich so umsieht. Es liegt nur eine Handvoll Schiffe an dem versteckten Kai. Aber hey, in der HafenCity gab es zu Beginn auch nur ein paar Bewohner! Und um sich für die Lebensweise auf dem Wasser zu begeistern, reicht ja ein Kahn.

Buchbar über diverse Buchungsportale, sind die Hamburger Hausboote wirklich nicht mehr, was sie früher einmal waren, aber dies im besten Sinne! Es sind schwimmende Luxusunterkünfte inklusive Boxspringbetten und, nun ja, Dachterrasse – oder sagt man Oberdeck? Hierher gelangt kein Verkehrslärm, und das Gefühl, weiterziehen zu können auf dem Fluss, das ist unbezahlbar. Plötzlich wirkt die Elbe nur eine kurze Fahrt entfernt, das Meer liegt in der Luft, und der Landgang wird exotisch. Schöner kann man die Liebe zum Wasser nicht ausleben.

> **TIPP:** Das hippe Viertel St. Georg liegt nur eine S-Bahn-Station entfernt. Wir empfehlen eine Einkehr ins »Mutterland« und danach einen Bummel über die Lange Reihe – das ist viel Hamburg-Flair auf kurzer Strecke.

Adresse Norderkai-Ufer 1, 20097 Hamburg-Hammerbrook, http://hausboot-schwan.de // **ÖPNV** S 3 oder S 31, Haltestelle Hammerbrook, danach etwa 300 Meter Fußweg // ab sechs Jahre

41_ DIE HEIMAT-BAR

Mit dem Laufrad an den Tisch

Klar, in Hamburg gibt es alles an Gastronomie, was der Genießer sich so wünscht. Für Kleinkind-Tobsuchtsanfälle sind Sternerestaurants allerdings eine eher schwierige Kulisse. Oder für volle Windeln. Natürlich liebt man als Eltern seine Kinder dort genauso – aber die Blicke, die man erntet, die kann man eben nicht wegleben. Deswegen suchen Erwachsene nach Spots, an denen sie ihre Kinder Kinder sein lassen dürfen und trotzdem lecker essen können. Ein Elterntraum: die »Heimat Küche + Bar« im stylishen 25hours Hotel in der HafenCity.

Das Ambiente ist dort ganz besonders hip, das Personal mit den einschlägigen Bärten, Piercings und Bodys ausgestattet, die man von so einem Laden erwartet. Um das Interieur haben sich kosmopolitische Experten gekümmert und eine einmalige Kulisse für ein Top-Mahl geschaffen: Burger mit Bio-Zutaten und Fusion Food auf hohem kulinarischen Niveau.

Aber (fast will man sagen »trotzdem«): Kinder sind hochwillkommen. Links vom Eingang nehmen Wartende in der Lobby Platz – da stehen Rutschauto und Laufrad für Kids bereit, nach dem Motto »Genug Platz ist ja da«. Sitzen kann man auf Stühlen – oder auf Teppichstapeln, die an die Lager der Speicherstadt erinnern. Klar, dass man die Burger locker mit den Händen isst. Das Hipster-Personal flirtet offensichtlich gern mit Babys, und wenn mal eine Apfelschorle umfällt, gibt es eine neue.

Ein Traum – den man im zugehörigen Hotel prima weiterträumen kann. Auch die Zimmer dort sind ein kleines Abenteuer – mit außergewöhnlicher Einrichtung inklusive Turnmöbeln, auf denen die Kids, genau, einfach mal entspannt toben.

Adresse im 25hours HafenCity, Überseeallee 5, 20457 Hamburg-HafenCity // ÖPNV U 4, Haltestelle Überseequartier // Öffnungszeiten täglich 12 – 24 Uhr // ab null Jahre

42_ DER HIRSCHPARK

Romantik, die auch auf Kinder wirkt

Es ist eine Bilderbuchidylle: Jahrhundertealte Bäume reihen sich aneinander. Weites Land. Stille, so weit das Ohr reicht. Wer einen Aussichtspunkt sucht, findet einen berauschenden Blick hinunter auf die südliche Elbe. Und mittendrin, es klingt kitschig, liegt dann auch noch ein riesiges Hirschgehege. Man mag solche Szenen nicht vermuten in einer Großstadt, aber es gibt sie – im Hamburger Hirschpark.

Früher wohnte hier ein Kaufmann mit starkem Hang zum Grundbesitz, 1924 kaufte die Stadt das XXL-Anwesen. Wir sagen Danke, denn heute ist der Park öffentlich – und mit seiner malerischen Anlage verzaubert er längst nicht nur erwachsene Spaziergänger, sondern auch Kinder. Na, jedenfalls klappt hier auch ein Ausflug mit Outdoor-Muffeln – weil dieses Stück Grün wie ein anderer Planet ist, gedanklich weit weg vom Getöse der Metropole. Wer die Lauferei nicht mag, lässt sich vielleicht von Hirschen oder, Achtung!, Rentieren begeistern. Und wenn alles nichts bringt, dann lockt ein schattig gelegener Spielplatz mit Action dank der einschlägigen Spaßbringer Wippe, Schaukel und Co.

Mitten im Park, in der ehemaligen Villa des Gründers, residiert übrigens ein weiterer echter Kindertraum: Lola Rogges Tanzschule. Seit mehr als 40 Jahren lernen hier Jungs und Mädchen schon in sehr jungen Jahren tanzen. Und mal abgesehen von der Schönheit des Tanzens: Besser kann der Weg zu einem Hobby nicht sein.

TIPP: Das Café Witthüs ist abends ein Restaurant mit gehobenen Preisen – aber bis 18 Uhr kann man auf der Terrasse auch mit Kindern idyllisch einfach nur etwas trinken und Kuchen essen.

Adresse Mühlenberg oder Gätgenstraße, 22587 Hamburg-Blankenese, dort kann man auch parken // **ÖPNV** S 1, Haltestelle Blankenese, von dort weiter mit Bus 1, 22, 36 oder 286, Haltestelle Mühlenberg, oder mit Bus 49, Haltestelle Gätgenstraße // **Öffnungszeiten** immer geöffnet // ab null Jahre

43_ DAS HOLTHUSENBAD
Babyschwimmen mit Aussicht

In Städten, die viel zu bieten haben, kann man manche Schönheit schon mal übersehen, einfach weil es so viel davon gibt. Und in Hamburg? Nimmt man ein architektonisches Highlight wie das Holthusenbad schnell für selbstverständlich. Schließlich steht es in Eppendorf, wo sich Jugendstilbau an Jugendstilbau reiht. Der Monumentalbau von 1914 ist eines der ältesten Thermalbäder Deutschlands – und sicher auch eines der schönsten. Geplant wurde es von Fritz Schumacher, damit die Eppendorfer ein Bad nehmen konnten. Damals waren Bäder in den meisten Wohnungen noch Mangelware! Tja, heute nicht, das Holthusenbad hatte also genug Platz, um nach Umbauten ein sehr schniekes Angebot für die Generation Wellness zu schaffen.

Hinter einer Freitreppe öffnet sich die Empfangshalle, und allein diese ist ein Erlebnis – wie auch die anderen Bereichen des Bads. Die Saunen. Der Spa-Bereich. Und die Ausstattung für einen Besuch mit Baby oder Kleinkind: Überall in den Umkleiden verteilt finden sich Laufställe, sodass Eltern sich geruhsam umziehen können, ohne auf (weg)krabbelnde Kinder achten zu müssen. Hochstühle zum Föhnen. Wickelplätze. Und das eigentliche Highlight: zahlreiche Babyschwimm-Kurse, die man ohne Anmeldung besuchen kann. In Wirklichkeit sind das natürlich keine »Kurse«, in denen auf irgendein Ziel hingearbeitet wird. Sondern: ein großer, sanfter, einfühlsamer Spaß. Geleitet von erfahrenen Schwimmtrainern, wird Babys und Kleinkindern absolut altersgerecht genau das Maß an Wasser geboten, das sie nicht überfordert. Und das unter einer unschlagbar schönen Kuppel, in die die Kleinen beim Rückenschwimmen blicken.

Adresse Goernestraße 21, 20249 Hamburg-Eppendorf // **ÖPNV** U 1 und U 3, Haltestelle Kellinghusenstraße // **Öffnungszeiten** Mai – Aug. täglich 9 – 22 Uhr, Sept. – April 9 – 23 Uhr, Kurszeiten unter www.baederland.de // ab drei Monate

TIPP: Direkt gegenüber der Westseite liegt ein hübscher Kinderspielplatz.

44_DER HÖLTIGBAUM

Militärgeschichte zum Durchwandern

Fast 40 Jahre lang hatte die Bundeswehr einen Übungsplatz am Höltigbaum. Im Zuge der Bundeswehrreform wurde der Standort 1995 aufgegeben. Sie hinterließ, man mag es nicht glauben, ein Naturparadies, denn das riesige Areal war in all den Jahren nicht kultiviert, gedüngt oder anderweitig behelligt worden. Heute grasen hier Galloway-Rinder, riesige Wiesen locken Picknicker, und die ehemaligen Panzerstraßen lassen sich herrlich mit dem Fahrrad befahren.

Also auf in den äußersten Nordosten der Stadt, diese verwunschene Landschaft entdecken. Sie ist für Hamburger Verhältnisse ziemlich hügelig, und es wechseln sich offene Landschaften mit Bäumen und Bachläufen ab. Die Urwüchsigkeit hat viele Tiere heimisch werden lassen, bei deren Nennung Naturschützer glänzende Augen bekommen und die für Kinder auch ziemlich spannend sein dürften, weil sie so selten sind: Kröten und Frösche, Dutzende Libellenarten, aber auch der Weißstorch wird hier gelegentlich gesichtet.

Am Höltigbaum lockt das »Haus der Wilden Weiden« mit genaueren Infos. Der NABU hat das unscheinbare Gebäude liebevoll mit einer Dauerausstellung bestückt, in der Kinder multimedial alles über die Geschichte des Areals erfahren können. Ist der Kopf gefüttert, haben die Beine hoffentlich genug Kraft für eine lange Wanderung oder Radtour.

TIPP: Sollte das Wetter plötzlich umschlagen: Badehose einpacken und ins Rahlstedter Schwimmbad fahren. Es wurde bis Juli 2018 frisch renoviert.

Adresse Eichberg 63, 22143 Hamburg-Rahlstedt // **ÖPNV** RB 61, Haltestelle Rahlstedt, Buslinie 462, Haltestelle Naturschutzgebiet Höltigbaum // **Öffnungszeiten** Haus der Wilden Weiden April – Okt. Do und Fr 14 – 18 Uhr, Sa und Feiertage 11 – 18 Uhr // ab null Jahre

45_ DIE HÖRSPIELE IM PLANETARIUM

Kino für die Ohren

Vergesst eure alten CD-Player und die Hörspiele eurer Kindheit. Denn es geht viel, viel besser: Von der Audioqualität her edler als im teuersten Kino der Stadt. Das beweist das Planetarium, wo immer wieder Hörspiele aus der Reihe »Die drei ???« gespielt werden.

Denn klar, für gewöhnlich werden Kindern und Erwachsenen hier Erde, Planeten und Co. erklärt. Mit Projektionen in der Kuppel des Gebäudes und Live-Vorträgen. Oder in Filmen, die eigens für die Planetarien der Welt gemacht werden. Aber was nur wenige wissen: Irgendwann kamen die Macher darauf, dass auch Hörspiele in der Kuppel richtig gut funktionieren. Sie nennen es »3-D-Sound«, und das bedeutet, dass der Atem des Verfolgers dir von hinten in den Nacken kriecht. Dass das Meer akustisch über dich drüberrollt oder der Wind dich fast aus dem Sitz hebt, weil er so realistisch in dein Ohr bläst. So, wie 3-D-Brillen mit der Projektion einer Achterbahnfahrt den Gleichgewichtssinn aushebeln können, gelingt das den Hörspielen im Planetarium mit dem Sound.

Möglich wird dies durch die, jetzt wird es passenderweise sehr Science-Fiction-mäßig, Spatial-Sound-Wave-Technologie des Fraunhofer-Instituts für Digitale Medientechnologie. Heißt: richtig fetter Sound aus 60 Boxen und vier Subwoofern. Darauf haben auch die Autoren reagiert: In die Handlung wurden besonders viele prägnante Geräusche eingebaut. Ein Spaß, der Erwachsenen und Kindern in den Magen fährt – und lange nachhallt.

Adresse Linnéring 1, 22299 Hamburg-Winterhude // **ÖPNV** U 3, Haltestelle Borgweg, Bus 179, Haltestelle Stadtpark (Planetarium), von dort circa drei Minuten Fußweg; oder U 1, Haltestelle Hudtwalckerstraße, Bus 20 oder 26, Haltestelle Ohlsdorfer Straße, von dort circa fünf Minuten Fußweg // **Öffnungszeiten** Veranstaltungen siehe www.planetarium-hamburg.de // ab zehn Jahre

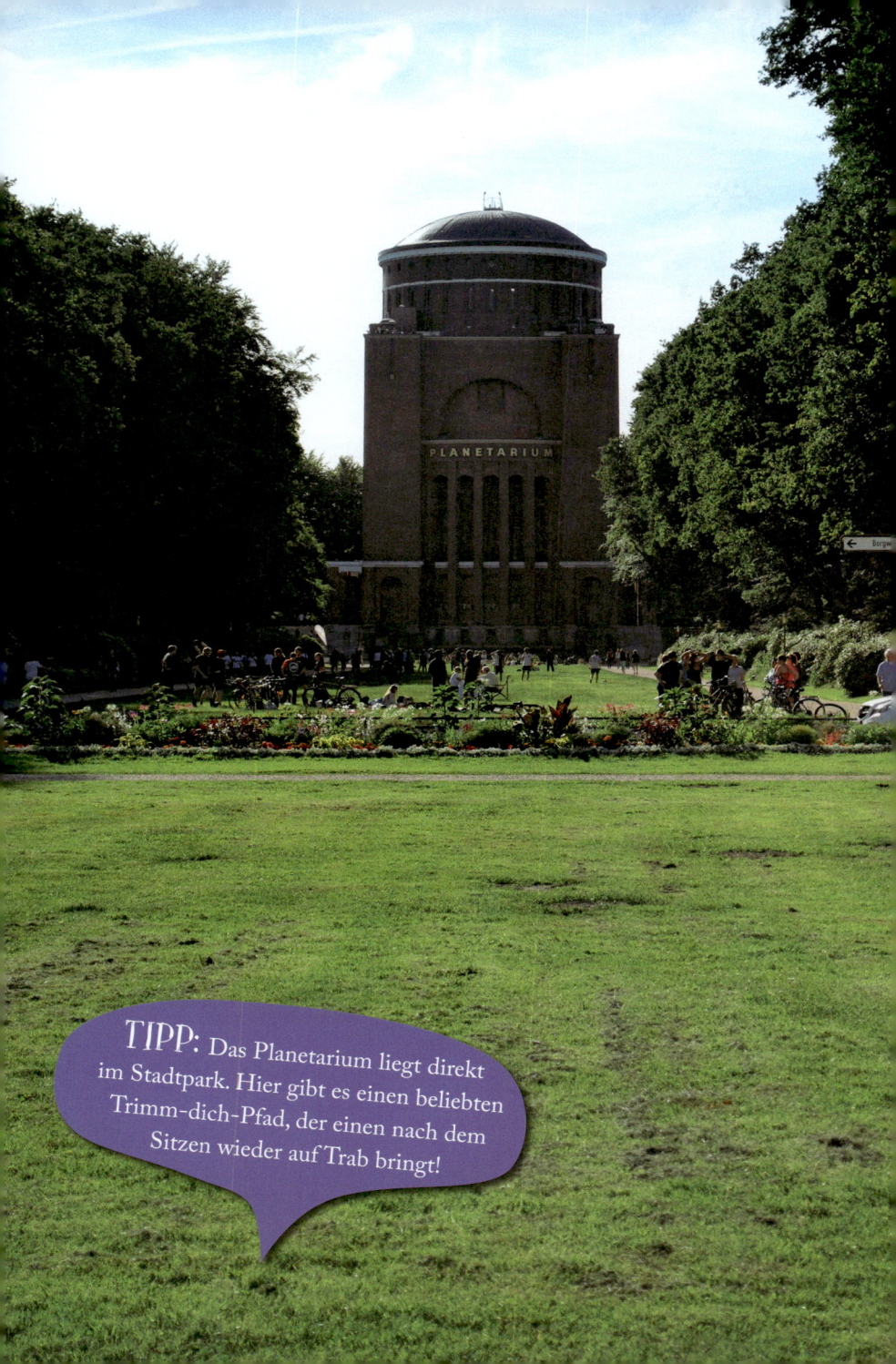

TIPP: Das Planetarium liegt direkt im Stadtpark. Hier gibt es einen beliebten Trimm-dich-Pfad, der einen nach dem Sitzen wieder auf Trab bringt!

46__DAS IKEA ALTONA

Das erste Innenstadt-IKEA der Welt

Eins fällt sofort ins Auge: Beim Innenstadt-Shop in der Fußgängerzone von Altona haben die Schweden zumindest teilweise eine Glasfassade bauen lassen. Aber der Rest ist beinahe wie gewohnt: Parkhaus, Bällebad, Billy-Regale – und sensationell kindgerechte und günstige Gastronomie. Nur dass dieses IKEA eben nicht wie sonst an irgendeiner Autobahnausfahrt liegt, sondern mittendrin in einer Weltstadt.

Vor dem Bau hagelte es Proteste. Doch sobald das Haus stand, hatten die Hamburger den Vorteil dieser Einrichtung schnell spitzgekriegt: Viele Leute kommen gar nicht zum Möbelkauf hierher. Sondern zum Frühstücken. Mittagessen. Oder Kaffeetrinken. Selbst die Essensausgaben der umliegenden Schulen erlebten einen Umsatzeinbruch: Die Kids gingen nun lieber Köttbullar und »Lax« essen. Mancher verdächtigte sogar Anwohner, ihre Kleinkinder jetzt in die »Småland«-Kinderbetreuung zu geben, wenn sie mal ein Stündchen ohne Nachwuchs genießen wollten.

Nun, man muss den Möbelriesen nicht bedauern, die Verantwortlichen machen das Beste draus. Das Essen gibt es jetzt auch zum Mitnehmen, es gibt täglich wechselnde Gerichte – und das oberste Parkdeck genießt den Ruf einer Eins-a-Aussichtsplattform. Immerhin sieht man von hier fast alle Sehenswürdigkeiten der Stadt: Elbphilharmonie, Michel, Fernsehturm. Und wer mit dem Auto da ist, der bekommt sogar noch Action: Die Fahrt abwärts, raus aus dem Parkhaus, kann man einigermaßen temporeich gestalten. Und das ist für Kinder dann fast so schön wie eine Achterbahnfahrt.

TIPP: Direkt gegenüber liegt das Eiscafé Filippi: lecker und supernett – es muss ja schließlich nicht immer Daim-Torte sein.

Adresse Große Bergstraße 164, 22767 Hamburg-Altona-Altstadt // **ÖPNV** S1, S2, S3, S11, S31, Haltestelle Altona // **Öffnungszeiten** Mo–Sa 10–20 Uhr // ab null Jahre

47 _ DAS I-PUNKT SKATELAND

Immer auf dem Sprung

Diese Halle ist nichts für Bewegungsmuffel – und für Lärmempfindliche. Denn hier ist es LAUT. Wenn zehn, 50 oder sogar über 100 Menschen auf Rollen durch die Halle sausen und springen, hat das eine Art akustischen Industriecharme. Die Skater, Scooter und Inliner stört's nicht, die geben alles. Springen, rutschen, Flips, Grabs, Flats und, ja, Stürze kommen hier auch vor. Macht nix: aufstehen, Helmchen zurechtrücken und weiter geht's!

Denn wer gern auf Rollen unterwegs und darin schon gut geübt ist, findet hier sein Paradies. Auf 1.500 Quadratmetern geht es auf, ab und auch vor die Wand, wenn die Bremse mal versagt. Helme sind obligatorisch und ein Kurs auch, bevor Kids hier auf die Bretter dürfen. Die Betreiber empfehlen den Speed-Spaß erst ab einem Alter von acht, neun Jahren – aber klar, wer es schon früher gut kann, der ist natürlich ebenfalls willkommen.

In der Skatehalle stecken zum Teil städtische Gelder, der Gedanke dahinter ist einfach: Manche Kids lockt man lieber runter von der Straße und rauf auf die Rollen. Und das klappt: Die Community ist stark, der Sport, den die Mädchen und Jungs hier treiben, ist zum Teil sehr professionell. Und die Halle ist ein Ort für alle. Skate-Abende extra für Mädchen sind nur eins der Angebote, die die Kids besuchen können. Spaß und Teamgeist herrschen hier aber immer: Rücksicht ist hier Programm. Und auf den Rängen sitzt immer jemand der begeistert applaudiert. Die Skater und Biker rollen, und die Halle rockt.

> **TIPP:** Wer Abwechslung sucht, kann im Inselpark Wilhelmsburg skaten gehen. Die Anlage liegt nur 20 Minuten mit der S 3 entfernt.

Adresse Spaldingstraße 131, 20097 Hamburg-Hammerbrook // **ÖPNV** U 2, U 3, U 4 oder S 1, S 2, S 3, S 11, S 21, S 31, Haltestelle Berliner Tor // **Öffnungszeiten** Mo – Fr 15 – 20 Uhr, Sa, So, Feiertage und Ferien 13 – 20 Uhr // ab acht Jahre

48_DAS JUMICAR

Verkehrsregeln »er-fahren«

Ein Traum, allerdings wirklich erst für Schulkinder: Autofahren für Kleine. 6.000 Quadratmeter und verschiedene Mini-Autos genügen, um Kinder plötzlich ganz wissbegierig werden zu lassen. Wie schnalle ich mich an? Kriege ich den Helm schon allein zu? Und was bedeuten eigentlich all diese Schilder? Bei jumicar im Stadtteil Rahlstedt bekommen bereits Kleine (Verkehrs-)Lektionen fürs Leben – und das noch ein bisschen cooler als vom Verkehrspolizisten ihres Vertrauens: Hier dürfen sie nämlich nicht nur gucken und zuhören, nicht nur lernen und sich Dinge merken, sondern auch buchstäblich Gas geben. Hier sind sie selbst Fahrer von XXS-Autos und können mal in die Rolle von uns Erwachsenen am Steuer schlüpfen. Fluchen manchmal inklusive!

Denn klar: Für sie ist ein Besuch in dem Kinder-Auto-Park purer Spaß. Und so kann man das als Eltern ja auch stehen lassen. Aber tatsächlich soll sich dahinter mehr verbergen, nämlich spielerische Verkehrserziehung am rollenden Objekt. Denn ganz im Vorbeifahren lernen Kids hier, Abstände besser einzuschätzen. Geschwindigkeit ernst zu nehmen. Und nie, nie, nie den Gurt zu öffnen. Über all das wachen im Park geschulte Helfer.

Witzig: Die Kinder haben sogar die Wahl, was das Automodell angeht. Allerdings unterscheiden sich hier Jeep, Sportwagen und Oldtimer nicht in ihren Fahreigenschaften. Unter allen Chassis verbergen sich umweltfreundliche Elektroautos, die bei etwa 15 Stundenkilometern gedrosselt sind. Ist ja keine Mini-Formel-1. Aber ein großer, lehrreicher Spaß.

TIPP: Autofahren macht träge! Deswegen danach raus in den gegenüberliegenden Park – da locken mehrere Spielplätze.

Adresse Heestweg 1, 22143 Hamburg-Rahlstedt //
ÖPNV Bus 26, Haltestelle Liliencronpark, oder
RB 81, Haltestelle Rahlstedt, danach zehn Minuten
Fußweg // **Öffnungszeiten** April–Okt. Di–Fr
15–19 Uhr, Sa, So 12–19 Uhr, ab Nov. nur nach
Vereinbarung // ab sechs Jahre

49__DAS JUMPHOUSE

Abheben mit Muskelkraft

Aus den Boxen tönt Dancefloor-Musik, die aber im Gewirr aufgeregter Stimmen fast untergeht. Wer die Tür zum Jumphouse öffnet, taucht ein in eine andere Welt. In der von Gewerbe geprägten Kieler Straße ist das hier eine Art Insel menschlicher Sportbegeisterung.

Kinder feuern sich gegenseitig an und feiern sich: wenn der erste Salto klappt zum Beispiel. Wenn der Basketball im Korb landet. Oder wenn die Flickflack-Serie das erste Mal so richtig funzt. Für Sesselpiraten ist dieser Tipp nichts. Wer aber aus eigener Kraft mal so richtig abheben will, dem sei das Jumphouse wärmstens empfohlen. Hier wartet das größte Trampolin der Stadt – und ein paar harte Challenges für die Oberschenkel.

Klar, der Spaß geht vor. Und dass Trampolinspringen irre viel davon macht, sieht man an den Gärten, Freizeitparks und Ferienorten dieser Republik: Trampolin geht immer. Kinder bekommen von dem Auf und Ab einfach nicht genug. Und das Jumphouse treibt diesen Trend gekonnt auf die Spitze. Hier warten Dutzende verschiedener Trampoline auf Kinder und auch Erwachsene. Manche der Sprungkissen sind so anspruchsvoll, dass sie erst fürs Schulalter empfohlen werden. Alle aber sind schön sicher von Netzen umgeben und werden einmal die Woche zusammen mit der ganzen Anlage auf Vordermann gebracht: putzen, checken, pflegen. Da wären: das Foam Jump, ein riesiges Bällebad aus 6.000 weichen Schaumstoffwürfeln. Die Areas für Völkerball und Basketball. Oder die »Battle Box«, in der man spielerisch seine Kräfte messen kann. Das alles ist laut, anstrengend – und einen Trip nach Stellingen wert.

Adresse Kieler Straße 572, 22525 Hamburg-Stellingen //
ÖPNV U 2, Haltestelle Hagenbecks Tierpark, danach Bus 281,
Haltestelle Wördemanns Weg // Öffnungszeiten Di – Do
15 – 21 Uhr, Fr 13 – 21 Uhr, Sa 10 – 22 Uhr, So 10 – 20 Uhr //
ab drei Jahre

TIPP: Hamburgs Tierpark Hagenbeck ist weltberühmt und liegt nur ein paar Autominuten entfernt.

50_ DAS KANINCHEN-PARADIES

Es hoppelt, es hoppelt!

Hamburg teilt ja ein Schicksal mit allen Städten: Die Natur drängt sich hier nicht gerade auf. Sicher, Berlin hat gelegentlich Wildsauen, Hamburg punktet mit Möwen – aber Wildtiere so mitten in der Stadt? Da gibt es außer Vögeln und Eichhörnchen erst mal nicht mehr viel. Eine Lage, die allein das Kaninchen auszunutzen weiß. An verschiedenen Stellen der Elbmetropole hat es beachtliche, bis zu dreistellige Populationen gebildet, die unbehelligt von Fressfeinden leben. Zum Beispiel im Wilhelmsburger Inselpark.

Klar, auch hier werden sie wohl bejagt. Allerdings nicht von Dachsen, Füchsen oder Greifvögeln – sondern von Stadtjägern, die diese Aufgabe übernommen haben. Kinder schert es aber nicht, dass Kaninchen waidmännisch als Plage gesehen werden mögen: Für sie sind die kleinen, possierlichen Wesen schlicht niedlich. Deswegen lockt der Wilhelmsburger Inselpark auch vor allem Familien zu einem Besuch. Statt zu sagen »Auf zum Spaziergang« (und eine mehr oder weniger maulige Absage zu bekommen), sagt man besser: »Auf zu einer der größten Kaninchenwiesen der Stadt!«, und macht sich fröhlich auf den Weg. Nicht immer sieht man sie in Scharen. Aber man hat zumindest richtig gute Chancen. Und entdeckt quasi im Vorbeigehen, dass dieser Park nahe dem Hauptbahnhof eine riesige, schöne grüne Oase ist.

TIPP: Ein Skatepark, fünf Spielplätze, Gastronomie und ein Schwimmbad: Im Inselpark kann man ohne Probleme einen sehr abwechslungsreichen Tag verbringen.

Adresse Wihelmsburger Inselpark, 21109 Hamburg-Wilhelmsburg // **ÖPNV** S 3 und S 31, Haltestelle Wilhelmsburg, von dort führt eine 130 Meter lange Brücke direkt zum Eingang Neuenfelder Straße // **Öffnungszeiten** immer geöffnet // ab null Jahre

51_ DIE KIBI

Irgendwas mit Medien? Alles mit Medien!

Riesig. Mega. Krass. Was der Wortschatz so hergibt, wenn ein Ort wirklich alles übertrifft, was Kinder vorher kannten, hallt hier öfter durch die Räume, wenn kleine Erstbesucher sie betreten. Denn die Hamburger Büchereien haben zwar alle eine Ecke für junge Besucher, KiBi genannt. Aber die größte Kinderbibliothek der Stadt in der Nähe des Hauptbahnhofs, die toppt alles.

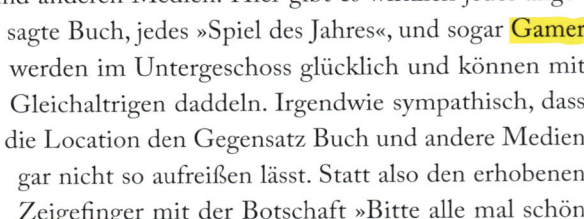

Auf zwei Geschossen macht diese Institution vor, wie Bibliothek der ==Superlative== geht. Es ist erstens die schiere Masse an Büchern und anderen Medien: Hier gibt es wirklich jedes angesagte Buch, jedes »Spiel des Jahres«, und sogar ==Gamer== werden im Untergeschoss glücklich und können mit Gleichaltrigen daddeln. Irgendwie sympathisch, dass die Location den Gegensatz Buch und andere Medien gar nicht so aufreißen lässt. Statt also den erhobenen Zeigefinger mit der Botschaft »Bitte alle mal schön viel lesen« gezeigt zu bekommen, fühlen sich Fans aller Genres und Medien willkommen – und lassen sich so vielleicht sogar am besten an die Bücher locken.

Beeindruckend: dass das hier längst kein Ort ist, nur um irgendetwas auszuleihen. Sondern einer, um alles gleich zu lesen, anzugucken und auszuprobieren. Die ==hypermodern== im Skandi-Chic eingerichteten Räume haben genug Sitzgelegenheiten und Zonen, damit jede Gruppe, jedes Kind sich eingeladen fühlt, sich alles anzusehen. On top gibt es einen prallen Veranstaltungskalender mit ==Bilderbuchkino==, Klangwerkstatt und so einigem mehr.

TIPP: Im Untergeschoss, gegenüber der Disco »Hühnerposten«, befindet sich ein Buchshop, in dem ausrangierte Bücher für einen Euro pro Stück verkauft werden.

FOTOBOX
MEDIA
VOTING

TAKE A PHOTO OF YOU!

Adresse Hühnerposten 1, 20097 Hamburg-Hammerbrook // **ÖPNV** S 1, 2, 3, 11, 21, 31 und U 1, 2, 3, 4, Haltestelle Hauptbahnhof, dann fünf Minuten Fußweg // **Öffnungszeiten** Mo–Sa 10–19 Uhr // ab einem Jahr

52_ DER KINDERBAUERNHOF KIRCHDORF

Ziegen, die auf Hochhäuser starren

Einen Ort wie den Kinderbauernhof Kirchdorf kann man nur vor der Soziologie einer Großstadt verstehen. Das weite Gelände ist ein Kunstprodukt des Stadtlebens, denn mit »Bauernhof« haben die hier lebenden Tiere nichts am, äh, Huf. Das wird schon klar, wenn man die Kuh am Eingang passiert – die ist nämlich aus Plastik. Aus ihrem Gummieuter können Kinder »melken«, was Erwachsene oben reingekippt haben, meist ist es Wasser.

Von Weitem hört man das Rauschen des Verkehrs. Ein paar Hühner, Gänse und Pfauen leben neben Bartagamen – die beiden Letztgenannten dürften kaum mehr als klassische Bauernhoftiere durchgehen. Da scheint es nur logisch, dass hier auch nicht geschlachtet wird. In Wirklichkeit haben die Tiere im Kinderbauernhof einen Gnadenhof gefunden und »nutzen« nur den Besuchern des Hofs – indem sie einfach Tier sind. Kinder dürfen sie streicheln, bewundern oder sich erklären lassen, irgendein Mitarbeiter hat immer ein offenes Ohr für Fragen. Warum fehlen dem Papagei Federn? Wieso hat die Ziege nur ein Horn? Hinter jedem Tier verbirgt sich hier ein Schicksal.

In Sichtweite einer Hochhaussiedlung öffnet sich so mitten in Wilhelmsburg eine Parallelwelt, die Stärken und Schwächen des urbanen Lebens offenbart. Schwäche, weil man einen Kinderbauernhof braucht, um hier »Natur« erfahrbar zu machen. Und Stärke, weil es so viele Menschen gibt, die das ehrenamtlich möglich machen.

TIPP: Wenige Autominuten entfernt liegt die historische Windmühle Johanna (Schönenfelder Straße 99). Jeden ersten Sonntag im Monat kann man dort erleben, wie Mehl und Brot früher hergestellt wurden.

Adresse Stübenhofer Weg 19, 21109 Hamburg–Wilhelmsburg // **ÖPNV** S 3, Haltestelle Wilhelmsburg, danach Bus 152, Haltestelle Stübenhofer Weg // **Öffnungszeiten** täglich 10 – 19 Uhr // ab einem Jahr

53_ DER KINDERFLOHMARKT IN DER FABRIK

Grüße aus unserer Kindheit

Alte Flohmarktregel: Höchstpreise erzielt man als Standbetreiber nicht. Aber hey, genau das lockt ja Käufer. Denn wo viele Teile schon für ein paar Euro zu haben sind, ist Shopping wirklich mal ein Vergnügen. Zumal, wenn es auch noch nachhaltig ist. Denn auf dem Flohmarkt heißt Konsum eben auch Weiterverwendung. Obwohl Hamburg eine lebhafte Flohmarktszene mit vielen bunten Schnäppchenmöglichkeiten hat: Gerade für Kindersachen ist die Fabrik in Altona ein Spitzentipp.

Denn erstens und wichtig: Das ist eine Halle. Allen Hamburg-Klischees zum Trotz regnet es hier wirklich gelegentlich, und dann ist ein Open-Air-Bummel höchst unkomfortabel – vor allem mit Kids. So kommt es, dass zu den Märkten in der Fabrik (einmal im Monat speziell zum Thema Kinder) wirklich viele Menschen erscheinen und sich friedlich und langsam in Trippelschritten an den Ständen vorbeischieben. Deswegen Achtung: Buggy lieber nicht mitnehmen, das ist hier schlicht unmöglich.

Angeboten wird alles, wirklich alles rund ums Kind – auch um das im Erwachsenen. Denn häufig werfen Eltern hier nicht nur Kleidung auf die Tische, der ihre Kids gerade entwachsen sind, sondern auch, was sie noch aus ihrer eigenen Kindheit auf Dachboden und Co. herumliegen hatten. So wird der Trödel schnell mal zum Trip in die Vergangenheit, »Yps«, »Fix und Foxi« oder »Wauzi« inklusive. Wer sich und seine Kids mit 20 Euro ausstattet, kann schon ziemlich viel Spaß haben. Um die Halle herum liegen zahlreiche Lokale: Das Mittagessen ist nur Schritte entfernt. Hurra!

Adresse Barnerstraße 36, 22765 Hamburg-Ottensen //
ÖPNV S 1, S 2, S 3, S 11, S 31 bis Haltestelle Altona,
dann Buslinie 2 bis Haltestelle Gaußstraße // **Öffnungszeiten**
Termine unter www.fabrik.de // ab vier Jahre

TIPP: In der nahe gelegenen Gaußstraße liegt eine Dependance des berühmten Thalia Theaters. Das Thalia Gauß hat sich auf Stücke junger Dramatiker für ein junges Publikum spezialisiert. Teenagertauglich!

54_DAS KINDER-ZIMMER IN DER KUNSTHALLE

Große Kunst für Kleine

Was ist Kunst? An der Frage arbeiten sich bis heute Kunstschaffende und -betrachter ab. Eins darf als gesichert gelten: Es geht immer ums Original. Den historischen Kontext. Um das, was der Künstler hineinlegt in sein Werk, auch und vor allem, wenn er Alltagsgegenstände als Ausgangspunkt seines Schaffens wählt. Der isländisch-dänische Künstler Ólafur Elíasson hat insofern einen Geniestreich geschaffen mit dem Kinderzimmer in der Kunsthalle, denn hier werden Kinder zu Künstlern.

Das klappt auf ganz einfache Art: In der Mitte des Raumes befinden sich Tausende von Steckelementen in bunten Farben. Entlang der Wände zieht sich ein Regalsystem bis hinauf zur Decke. Und die Kinder? Stecken und stecken und stecken. Für sie ist es ein Spiel. Eines, das mit Stolz endet, denn wenn sie beschließen, dass sie fertig sind, können sie ihr »Kunstwerk« (das man wohl auch ohne Anführung so nennen könnte) in eines der freien, teils verspiegelten Regalfächer stellen. Aus Spaß wird Kunst, denn im einzelnen Werk steckt viel Kreativität. Und in der Zusammenschau der kindlichen Kreationen wird der Raum zur Installation, in der Erwachsene sich auseinandersetzen können mit der Kreativität der Kindheit. Der Frage, wie aus vielen kleinen Teilen ein Ganzes wird. Oder, auch das ist natürlich erlaubt, sie basteln einfach mit.

TIPP: Für Eltern mit Kindern ab fünf Jahren gibt es eigene Familienführungen durch die Kunsthalle. Ein ebenso lehrreicher wie sympathischer Trip.

Adresse Glockengießerwall 5, 20095 Hamburg-Altstadt //
ÖPNV S 1, S 2, S 3, S 11, S 21, S 31 und U 1, U 2, U 3, U 4,
Haltestelle Hauptbahnhof, dann fünf Minuten Fußweg //
Öffnungszeiten Di, Mi, Fr–So 10–18 Uhr, Do
10–21 Uhr // ab zwei Jahre

55_ DIE KITA PIRATENNEST

Wo kleine Fans große Tore sehen

Einen Kitaplatz in einer Großstadt zu bekommen ist gar nicht so einfach. Deswegen mag es Eltern geben, die beim Anblick der Kita Piratennest in Tränen ausbrechen. Das Piratennest ist nicht irgendein Kindergarten, sondern, wenn man der New York Times glauben mag, der coolste der Welt. Ein Volltreffer im wahrsten Wortsinn. Denn aus den Rückfenstern und vom Balkon aus haben die Kinder volle Sicht aufs Fußballfeld: Das Piratennest liegt im Millerntor-Stadion, dem Heim des FC St. Pauli.

Klar, dass Eltern es manchmal gar nicht so eilig haben, ihre Sprösslinge beim Abholen aus den Räumen zu begleiten. Wenn auf dem Rasen gerade gekickt wird, ist das großes Kino, nicht nur für Kleine. Direkt zwischen Süd- und Haupttribüne kann man von der Terrasse der Kita die Partien verfolgen, Lärmschutzkopfhörer sind für die Kids hier so normal wie Fahrradhelme auf der Straße. Fußball ist laut!

Elite-Ängste sind übrigens unnötig: Das ist keine Fußball-Kaderschmiede, in der schon Kleinste auf Sport getrimmt werden. Sondern eine Kita der Pestalozzi-Stiftung Hamburg, mit christlichen Werten als Grundlage. Kinder sollen hier, heißt es, »neugierig sein dürfen und sich ausprobieren«. Bei dem Umfeld ist es wohl trotzdem logisch, dass so einige der 130 Kinder doch noch von der eigenen Fußballer-Karriere träumen. Und Träume, die sind immer gut.

Adresse im Millerntor-Stadion, Harald-Stender-Platz 2, 20359 Hamburg-St. Pauli // **ÖPNV** U 3 oder Bus 6, Haltestelle Paulinenplatz // **Öffnungszeiten** nur für Kinder, die hier betreut werden // ab sechs Monate

TIPP: Der Spielplatz im Planten un Blomen ist in Laufnähe – und lockt im Sommer mit fetter Wasserplanscherei.

56_DER KLETTERTURM IN DER PAUL-GERHARDT-KIRCHE

Dem Himmel so nah

Den Kirchen laufen die Mitglieder weg – da ist Initiative gefragt. Auch finanziell: So ein Gebäude kostet ja ordentlich. Die Paul-Gerhardt-Kirche in Altona hat sich etwas besonders Cooles einfallen lassen, von dem auch Kinder was haben: einen Kletterturm. Die Höhe war aus architektonischer Sicht ja da, also her mit der Kletterwand. Eine Initiative, die super ankommt: Jeden Mittwoch nach der Schule tummeln sich hier Kinder und Jugendliche, um wenn nicht Gott, dann doch mindestens der Kirchturmspitze etwas näher zu kommen.

Ab 16.30 Uhr dürfen sich hier bis zu zehn Kinder gleichzeitig in ungewohnte Höhen begeben. Die Hamburger Sektion des Deutschen Alpenvereins ist die fünftgrößte der Republik, man kann also sagen: Die Sehnsucht nach den Bergen, dem Gefühl von Höhe, scheint beim Flachländer sehr groß zu sein. Hier gewinnen Kletterer ganze 13 Meter. Das ist ordentlich, auch wenn es vielleicht nicht fürs authentisch alpenländische Gipfelgefühl reicht. Aber zum Üben und für einen Haufen Spaß vor ungewöhnlicher Kulisse!

Teilnehmen darf jeder und das gratis. Ein Trainer ist anwesend, daher die feste Zeit am Mittwoch. Außerhalb des offenen Mittwoch-Treffs wird auch an Gruppen vermietet. Nur eine Einverständniserklärung beider Elternteile muss her. Und dann? Langsam, Schritt für Schritt dem Turm entgegen. Eine Mission, die selbst viele berühmte Bergsteiger noch nicht unternommen haben. Und damit eine echt hamburgische Sensation, die man gesehen haben muss.

Adresse Bei der Paul-Gerhardt-Kirche 2, 22761 Hamburg-Bahrenfeld, www.pgk-altona.de // ÖPNV S 1 und S 11, Haltestelle Bahrenfeld, danach nur ein kurzer Fußweg // Öffnungszeiten offener Klettertreff Mi 16.30 – 18 Uhr; sonst nach Anmeldung // ab acht Jahre

TIPP: Keine zehn Minuten Fußweg entfernt liegt das Malwerk, eine private Kunstschule, in der schon Kinder ab sechs Jahren mitmachen können.

57_ DAS KL!CK KINDERMUSEUM

Hier werden Körpergeräusche kuratiert

Die Welt ist groß, bunt und faszinierend, wenn man noch klein ist. Und das KL!CK Kindermuseum vermittelt diese einmalige Schönheit des Lebens, wie nur Kinder sie noch sehen, auf ganz phantasievolle Art. Hier dürfen Kinder ihrer Begeisterung über scheinbar gewöhnliche Dinge freien Lauf lassen und erfahren so noch eine Menge über ihren Alltag.

Nehmen wir den Ausstellungsbereich »Treffpunkt Körper«. Statt Kids mit dröger Anatomie zu langweilen, haben die Macher Körpergeräusche kuratiert! Das ist doch mal ein Thema, das Kindern bestimmter Altersgruppen nicht am, nun ja, Arm vorbeigeht! Als Gimmick gibt es Waage, Skelett und allerlei Arztpraxen-Inventar on top, wer mag, kann selbst in die Rolle eines Zahnarztes schlüpfen. Oder eine Runde in einer Gebärmutter schaukeln. Oder genau gucken, was das Rauchen mit einer Lunge anstellt.

Unter »Geld und Gut« finden sich neben lehrreichen Tafeln auch eine alte Kasse und ein Kaufladen-Szenario. Wer in »Urgroßmutters Alltagsleben« eintauchen will, kann das in lebensgroßer Wohnatmosphäre tun. Und findet gleich noch ein Waschbrett zum Schrubben oder Dinge wie Kaffeemühlen, die Hipster-Kids vielleicht wieder von zu Hause kennen – nur hier echt alt. Highlight ist die Baustelle für Kinder ab acht, auf der echte Arbeiten erledigt werden dürfen.

Die Macher haben sich mit dem Museum wirklich viel Mühe gegeben, und auch wenn die Location von außen erst mal nichts anderes ausstrahlt als überholte Zweckarchitektur, so überzeugt das Innere des Baus doch umso mehr mit seinen Werten. Top!

Adresse Achtern Born 127, 22549 Hamburg-Osdorf, www.kindermuseum-hamburg.de // ÖPNV Bus 3, 21, 37, Haltestelle Achtern Born // Öffnungszeiten Mo – Fr 9 – 18 Uhr, So 11 – 18 Uhr // ab einem Jahr

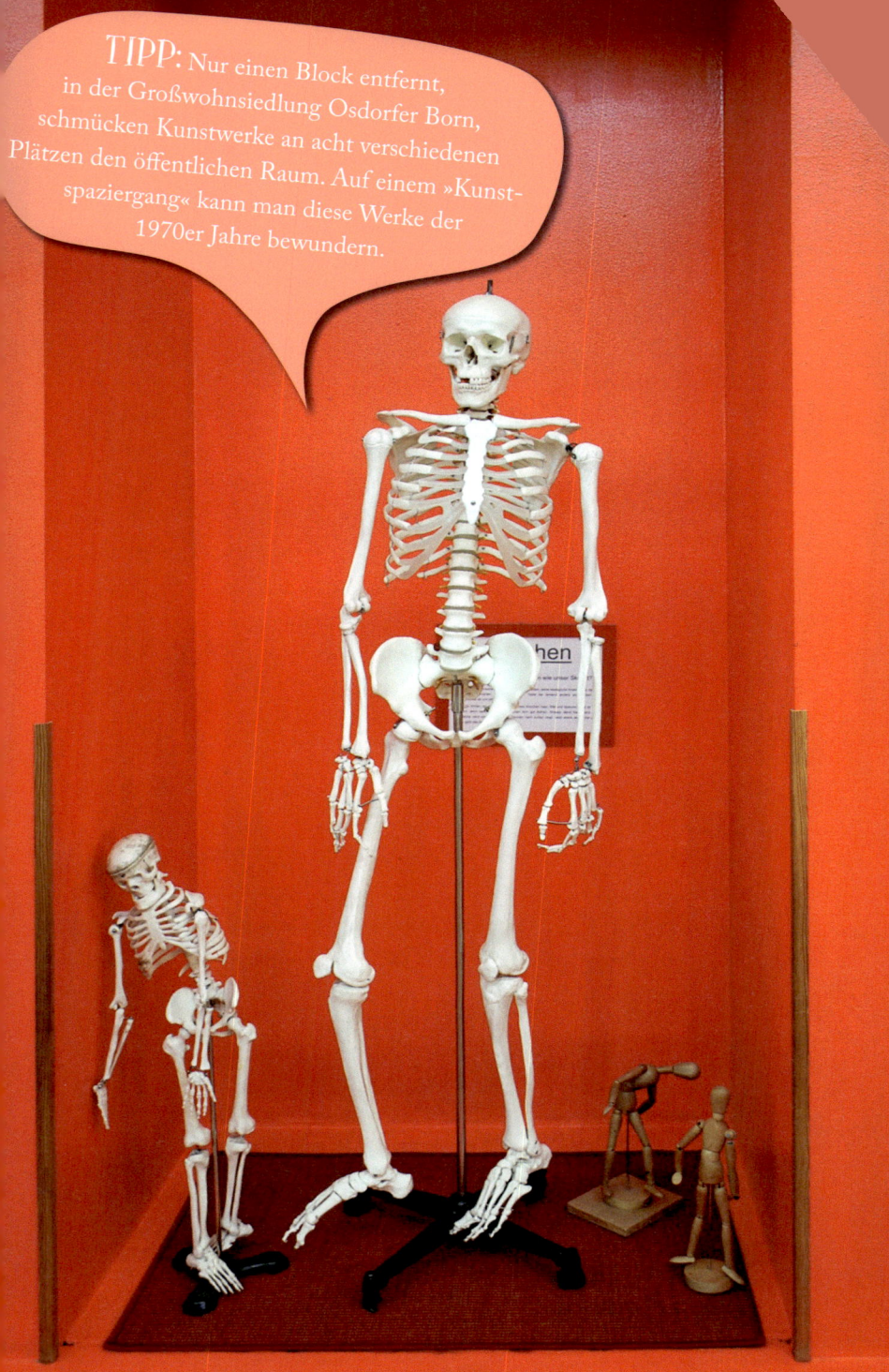

TIPP: Nur einen Block entfernt, in der Großwohnsiedlung Osdorfer Born, schmücken Kunstwerke an acht verschiedenen Plätzen den öffentlichen Raum. Auf einem »Kunstspaziergang« kann man diese Werke der 1970er Jahre bewundern.

3_DER KLÖVENSTEEN

Wo sich Pferd und Schwein »Gute Nacht« sagen

Ach, und Fuchs und Hase bestimmt auch noch. Denn dieses Waldgebiet ist so riesig, dass es einem in mehreren Stadtteilen passieren kann, dass man sich darin wiederfindet. Auf rund 580 Hektar in Rissen, Sülldorf und Schenefeld reiht sich Baum an Baum. Zeit, einzutauchen in dieses Stück schöner Natur!

Es gibt ein riesiges Reitwegenetz, mit dem Fahrrad kommt man auch in weiter entlegene Ecken, und wer zu Fuß unterwegs ist, freut sich wahrscheinlich über die gut asphaltierten Wege, denn auch die gibt es hier. Superentspannend: Autos haben hier nichts verloren. So ergibt sich eine fast grenzenlos scheinende Bewegungsfreiheit für Kinder, gepaart mit einer spannenden Tierwelt, vom Wildschwein bis zum Uhu kann man hier recht viele Waldbewohner beobachten. Durch das nahe Zusammenleben haben manche Tiere ihre Scheu etwas abgelegt, und Eichhörnchen lassen sich mit etwas Glück auch mal füttern. Wer das machen möchte, sollte aber unbedingt an artgerechtes Tierfutter denken.

Vor allem aber muss man vor dem Besuch genau überlegen, was man hier erleben möchte, und seine Anfahrt entsprechend planen. Wildgehege, Spielplatz oder das Naturschutzgebiet Schnaakenmoor? Wir empfehlen auch das Gebiet abseits der Schenefelder Hauptstraße. Hier startet und endet man am Reitverein – gleichzeitig unser Tipp, denn das Restaurant dort ist auch für Nichtreiter eine Reise wert.

Adresse Uetersener Weg 100, 22869 Schenefeld // ÖPNV S 3, Haltestelle Thesdorf, danach Bus 285, Haltestelle Uetersener Weg // Öffnungszeiten immer zugänglich // ab null Jahre

TIPP: Das Restaurant Reitstall Klövensteen bietet ein Panoramafenster in die Reithalle des Vereins! So überbrücken Kinder die Wartezeit aufs (sehr gute) Essen locker mit Zugucken.

59__ DIE KRYPTA UNTER DEM MICHEL

Das zweite Gesicht eines Wahrzeichens

Barockkirche zum Angucken und Aussichtsplattform zum Umgucken, größte Turmuhr der Republik ... so kennen wir den Michel, Hamburgs ewiges Wahrzeichen. Aber das Kellergeschoss? Lassen viele links, äh, unten liegen. Dabei ist es gerade für Kinder ein echter Hingucker.

Denn erstens macht es hier endlich mal Sinn, kleiner zu sein als 1,75 Meter – wer größer ist, stößt sich am niedrig gebauten Gewölbe eventuell den Kopf. Und zweitens ist die Atmosphäre um einiges schummriger als auf der Plattform, wo man sich bei einer Windgeschwindigkeit von zehn Metern pro Sekunde als Leichtgewicht mit der Gefahr konfrontiert sieht, umgeweht zu werden. Also warum nicht statt 452 Stufen aufwärts 30 abwärts nehmen? Allein die Frage dürfte manchem Jungen und Mädchen die Wahl erleichtern.

Also runter unter die Kirche und Gräber entdecken! Rund 2.400 Menschen wurden hier ab Mitte des 18. Jahrhunderts beerdigt, Fotografien zeigen, wie so eine Grabkammer aussieht – zu besichtigen ist keine, nach ihrer Untersuchung wurden die Gräber wieder verschlossen. Vielleicht ist es gerade mit jüngeren Besuchern ganz schön, dass die Sanierungen des Gewölbes alles Schaurige ausradiert haben. Denn dieser Ort ist auch ohne Gruselfaktor etwas Besonderes. Zum Beispiel, weil hier einzigartige Ausstellungsstücke belegen, dass »Der Michel« eigentlich schon dreimal vernichtet war – zweimal durch Feuer, einmal durch Bombenhagel. Wo sonst bekommt man eine halb geschmolzene Kirchenglocke zu sehen? Spannend.

TIPP: Von hier ist es nur ein Katzensprung bis zum Mahnmal Sankt Nikolai. Noch so ein Stück interessanter Kirchengeschichte der Stadt (Willy-Brandt-Straße 60).

Adresse Englische Planke 1, 20459 Hamburg-Neustadt //
ÖPNV U 3, Haltestelle Rödingsmarkt, oder Bus 6, Haltestelle
Michaeliskirche // **Öffnungszeiten** Nov.–April täglich
10–18 Uhr (letzter Einlass 17.30 Uhr), Mai–Okt. 9–20 Uhr
(letzter Einlass 19.30 Uhr) // ab acht Jahre

60_DER KUNST-AUTOMAT

Maskottchen aus der Schublade

Wow, ist das analog und cool. Sechs Euro einwerfen, ein kleines metallenes Schubfach aufziehen und das Figürchen mitnehmen. Die Fabelwesen, die aus dem Automaten am Blankeneser Elbstrand kommen, sind kleine hölzerne, handgefertigte Arbeiten der Künstlerin Stefanie Lochner. Das hat etwas von Überraschungsei in wahrhaft künstlerisch gemacht, für sechs Euro, die noch richtig was wert sind. Und es macht Kindern mächtig Spaß, sich eine der kleinen »Spaßi«-Figuren zu ziehen. Kleine Warnung also vorweg: Wer mehrere Kinder hat, sollte sich vor dem Trip hierher mit genug Kleingeld ausstatten!

Tatsächlich entwickelte die Künstlerin die Idee in ihrer Werkstatt, als eine Gruppe Kinder sie besuchte. Sie schnitzte ihren ersten »Spaßvogel«, der sich von Kummer ernährt und den, der ihn bei sich trägt, auf diese Art fröhlich macht. Die Kinder und Lochner erkannten den Charme ihrer Idee: Die Hamburgerin verkauft die Spaßis seither in mittlerweile zwei Ex-Zigarettenautomaten: Einer steht am Strandweg in Blankenese, der andere in Övelgönne. Wer also einen Trip zu einem dieser Traumspots der Hansestadt unternimmt und a) ein Andenken an den Tag oder b) einen Talisman mitnehmen möchte, der den Kummer frisst, der wird an diesen niedlichen Wesen aus den hübschen Automaten seine Freude haben. Aber ob das mit dem Kummer stimmt? Wird nicht verraten. Ausprobieren!

TIPP: Wirklich nur Schritte entfernt liegt das Ponton op'n Bulln, ein schwimmendes Café mit traumhafter Aussicht auf die Elbe – und mit leckerem Kuchen.

Adresse Strandweg (gegenüber von Hausnummer 25), 22587 Hamburg-Blankenese // **ÖPNV** S 1, Haltestelle Blankenese, danach Bus 4, Haltestelle Beckers Treppe, abwärtsgehen und leicht rechts halten // **Öffnungszeiten** immer frei zugänglich // ab fünf Jahre

61_DIE KUNSTSAMMLUNG FALCKENBERG

Die Hipster-Art-Location

Allein die Architektur! 6.000 Quadratmeter in einer ehemaligen Halle der Phoenix-Fabrik, die perfekte Mischung aus Industrieästhetik von außen und musealer Weite im Inneren. Die Kunstsammlung Falckenberg präsentiert sich hier, im Herzen Harburgs, als moderne Alternative zur Kunsthalle und ist für kunstinteressierte Teenager ein Muss.

Der Eingang liegt auf der Rückseite eines Einkaufszentrums, gegenüber die übliche Einzelhändler-Gemengelage von Handyshop bis Imbiss. Fast unscheinbar führen ein paar Stufen im Hinterhof zu einer schweren Stahltür, die sich zu einem Juwel der Kunst-Stadt öffnet: einer privaten Sammlung, die einen mehr als spannenden Blick auf zeitgenössische Kunst bietet. Schon das Entree umfängt Besucher mit Wow-Architektur, und vielleicht ist die Tatsache, dass die Sammlung nur jeden ersten Sonntag im Monat oder in Führungen zu bewundern ist, ein bisschen verantwortlich für das Gefühl, hier etwas sehr Exklusives erleben und betrachten zu dürfen.

Privatier Harald Falckenberg (geboren im gleichen Jahr wie Mick Jagger, 1943) leistet sich den Luxus, auch große Installationen und multimediale Projekte auszustellen – fesselnde, experimentelle und sehenswerte Werke, die zeitgenössische politische Probleme ebenso näherbringen wie ästhetische Blickwinkel oder historische Bezüge. Wer also seinen Nachwuchs für Kunst begeistern will – oder dessen Begeisterung füttern –, der darf in Hamburg den Trip nach Harburg nicht scheuen.

Adresse Wilstorfer Straße 71, 21073 Hamburg-Harburg // ÖPNV S 3 und S 31, Haltestelle Harburg, danach knapp 15 Minuten Fußweg // **Öffnungszeiten** jeden ersten So des Monats 12 – 17 Uhr, Termine für Führungen unter www.sammlung-falckenberg.de; ein bisschen Durchhaltewillen muss für eine Führung schon da sein, also besser erst ab 14 plus buchen, sonst am ersten Sonntag auf eigene Faust umsehen // ab 14 Jahre

TIPP: Direkt nebenan liegt ein großes Einkaufszentrum, in dem man ganz profan Jeans, Lebensmittel und Videospiele bekommt – je nachdem, worauf man als Kontrapunkt nach all der Kultur Lust hat.

62_DIE KÜRZESTE ICE-FAHRT DEUTSCHLANDS

Bitte nicht einsteigen – eigentlich

Okay, dieser Tipp gehört in die Kategorie »im Grunde nicht erlaubt«. Aber es ist so: Zwischen dem Hauptbahnhof und den anderen ICE-Bahnhöfen Dammtor, Altona und Harburg kann man zwar keine ordentliche ICE-Fahrt buchen. Das Ticket gibt es einfach nicht, die Bahn will diese Kurzstrecke nicht im ICE bewältigt wissen. Aber es soll, so erzählt man sich in Hamburg, eine ältere Dame geben, die exakt diese kleinen Strecken den ganzen Tag fährt. Und wir haben getestet: Wer lieb fragt, wird vom Zugbegleiter großzügig auch mit Ticket ohne ICE-Zuschlag eingelassen.

Denn Hamburg ist toll, hat alles – aber wer keine Großeltern oder Tanten und Onkel weiter entfernt hat, der kommt irgendwann drauf: Unter Umständen ist ein Hamburger Kind eben noch nie ICE gefahren. Da würde ein Tagesausflug helfen nach Hannover oder Berlin – oder der kleine Trick mit der Kurzfahrt mitten durch die Stadt.

Also schnell ein Ticket gelöst und im Hauptbahnhof einen der zahlreichen ICEs abgepasst, die die Station Dammtor ansteuern. Große Rehaugen aufsetzen, Schaffner bitten. Und mit etwas Glück das Geräusch der großen, weiten Welt, dieses leise Gleiten auf Schienen, genießen. Rausblicken auf die Autokolonnen, die sich öde durch die Stadt schieben, während man selbst den leicht erhabenen Blick aus dem getönten Zugfenster hat. Ja, es ist ein kleines, nicht ganz legales Abenteuer, für das es einen netten Zugbegleiter braucht. Aber hey, in einer Stadt, in der der nächste Dampfer Richtung Brasilien nur eine S-Bahn-Fahrt entfernt ist, da muss der ICE mal drin sein.

Adresse am besten ab Hauptbahnhof, von dort ist Dammtor die kürzeste Fahrt // **ÖPNV** S 1, S 2, S 3, S 11, S 21, S 31 und U 1, U 2, U 3, U 4, Haltestelle Hauptbahnhof // ab drei Jahre

63_ DER KWP-BAUMARKT

Wo Heimwerker ihr Kinderzimmer einrichten

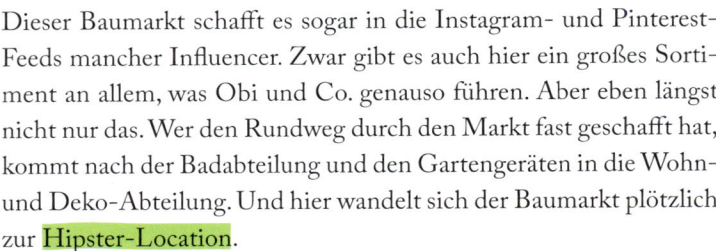

Dieser Baumarkt schafft es sogar in die Instagram- und Pinterest-Feeds mancher Influencer. Zwar gibt es auch hier ein großes Sortiment an allem, was Obi und Co. genauso führen. Aber eben längst nicht nur das. Wer den Rundweg durch den Markt fast geschafft hat, kommt nach der Badabteilung und den Gartengeräten in die Wohn- und Deko-Abteilung. Und hier wandelt sich der Baumarkt plötzlich zur Hipster-Location.

Das Angebot? Interior! Hier gibt es: Deko für die Wände, Garderoben, Wandhaken, Tiergesichter aus Blech. Kleine Hocker. Plaids. Kindermöbel. Bunte Becher, Flaschen, Teppiche. Skandi-Tapeten. Es gibt Bodenkissen, Hängesessel und Deko, Deko, Deko. Weihnachten, Ostern, Garten: Von edel bis kitschig ist den Machern hier nichts fremd, solange es einen Look zaubert. Nur billige, Entschuldigung, Baumarktware, die findet hier keiner. Deswegen sieht man überdurchschnittlich oft eben nicht nur die Heimwerker-Fraktion mit Staub an den Knien der Jeans hier durch die Gänge schlendern, sondern auch die der Inneneinrichtungs-Gurus. Mütter oder Väter, gern mit Kindern im Schlepptau: Die können neben dem Eingang in einem kleinen Kletterbereich toben. Oder alle Klingeln ausprobieren, die hängen schön in Bodennähe, genau wie die Bauhelme. Aufgehängt an einem dänischen Kleiderhaken gehen die vielleicht sogar als Deko durch.

An der Kasse zeigt sich dann: Tatsächlich gehen manche Kunden ohne Nagel oder Schraube wieder raus. Und stattdessen mit all dem Schnickschnack, der aus einem Raum ein Kinderzimmer macht.

> **TIPP:** Direkt gegenüber, im Saseler Park, liegt ein sehr hübscher Spielplatz.

Adresse Saseler Chaussee 211, 22393 Hamburg-Sasel // **ÖPNV** S 1 und S 11, Haltestelle Poppenbüttel, danach Bus 174, Haltestelle Stadtbahnstraße // **Öffnungszeiten** Mo – Fr 9 – 19 Uhr, Sa 9 – 18 Uhr // ab einem Jahr

64_DAS LEUCHTFEUER BUNTHAUS

Deutschlands niedlichster Leuchtturm

Mit der Elbe ist es so: In Wilhelmsburg teilt sie sich wie ein Y in zwei Arme. Nennt sich Norderelbe und Süderelbe. (Eigentlich macht die Elbe eher eine Umarmung um Wilhelmsburg herum, denn später fließen beide Arme wieder zusammen.) Jedenfalls: Damit Schiffsführer das auch rechtzeitig erkannten, wurde 1913 dieser winzige Leuchtturm an die Scheidestelle gebaut. Er war bis 1977 in Betrieb. Heute steht er unter Denkmalschutz, und ein Verein kümmert sich um seine Erhaltung. Dieses »Bauwerk« ist wohl der niedlichste Leuchtturm des Landes.

Denn er ist alles andere als imposant mit seinen gerade mal sieben Metern Höhe. Dafür hat er eine Aussichtsplattform, von der aus man einen herrlichen Blick über Hamburgs großen Strom hat und die Metropole nur an ein paar Türmen erahnen kann. Richtig Spaß macht das als Fahrradtour, denn so entdeckt man die wahrhaftig grüne Seite von Wilhelmsburg: Dies ist sogar eine sehr attraktive Landschaft – das Heuckenlock gilt als eines der artenreichsten Naturschutzgebiete im Hamburger Raum, hier kann man auch einen der letzten Tideauenwälder entdecken. Hey, das Schilfgras hier wird höher, als das Leuchtfeuer reicht!

Also raus nach Wilhelmsburg und die 19 Stufen dieses hübschen Stücks Schifffahrtsgeschichte hoch. Und dann zurück durch die Landschaft, in der man kaum ahnt, dass ganz in der Nähe eine riesige Autobahn verläuft. Nach diesem Trip sieht man die Stadt noch mal mit anderen Augen. Versprochen.

Adresse Moorwerder Hauptdeich 21, 21109 Hamburg-Wilhelmsburg // **ÖPNV** S 3 und S 31, Haltestelle Wilhelmsburg, anschließend Bus 351 bis zur Endstation // **Öffnungszeiten** immer zugänglich // ab fünf Jahre

TIPP: In der Nähe liegt ein Wohnmobil-Stellplatz! Wer Hamburg also auf einem Roadtrip erleben will, der kann sich hier günstig und landschaftlich wunderschön postieren: www.elbepark-bunthaus.de.

65_ DAS MAISLABYRINTH

Natur (fast) ohne Ausweg

Kleine Warnung vorweg: Die Macher meinen das schon ernst mit dem Labyrinthischen ihres Labyrinths. Man ist hier also nicht in zehn Minuten durchgesprintet. Und es gibt auch nicht, wie in großen Möbelhäusern, Schneisen zur Abkürzung. Wer sich aber eine Stunde Zeit nimmt für das Abenteuer Irrgarten, der findet mit dem Maislabyrinth in Bargteheide eine Location der Extraklasse.

Denn der Spaß fängt hier nicht erst am Feldrand an. Er beginnt mit dem Eintritt aufs Gelände, auf dem die Macher eine stylishe Beach-Atmosphäre geschaffen und einen Spielbereich für Kinder aufgebaut haben. Inklusive Tischtennis, Mühlespiel und einem riesenhaften Vier-gewinnt-Spiel! So wird, wenn das Wetter mitmacht, ein langer, schöner Tag aus dem Trip zum Irrgarten. Der aber bleibt natürlich die größte Attraktion. Jedes Jahr pflanzt ein Landwirt den Mais anderer Stelle – und die Macher pflügen später die Schneisen dort ins Feld, wo es langgehen soll. So ist der Pfad geschaffen, der hinausführt aus den übermannshohen Pflanzen. Na ja, und auch all die vielen Sackgassen. Das kann man sich vorher vom eigens errichteten Aussichtsturm aus ansehen – aber helfen wird einem das kaum. Der Weg bleibt spannend – wenn man mag, auch nach Einbruch der Dunkelheit. Dann geht es mit Fackeln und Taschenlampen auf die Suche nach dem rechten Weg. Derweil liegen an der Beach Bar schon Maiskolben auf dem Grill, und die Getränke warten. Ende September aber ist Schluss: Dann ist die Maissaison gelaufen. Ein Grund zur Vorfreude, denn im Jahr drauf geht es wieder los. Mit neuem Irrgarten, neuem Motto – und bewährtem Spaß.

Adresse Glindfelder Weg (Nähe Nummer 29), 22941 Bargteheide // ÖPNV am besten das Auto nehmen, denn das Feld liegt weitab vom Schuss // Öffnungszeiten Di–Fr 14–21 Uhr, Sa 10–23 Uhr, So 10–21 Uhr // ab fünf Jahre

TIPP: Im Herzen Bargteheides liegt die Eisdiele La Piazza. Ihr wurde 2017 auf einer Fachmesse in Florenz der Preis für Europas leckerstes Eis verliehen. Vor dem Heimweg also kurz noch auf eine Kugel hier vorbeischauen!

66_ DIE METALLWERKSTATT IM MUSEUM DER ARBEIT

Wo die 1980er Jahre lebendig werden

Irgendwie verrückt, aber wahr: Für Kinder ist ein Ausflug in die Arbeitswelt der Erwachsenen genauso spannend wie, sagen wir, ein Ausflug in den Tierpark. So erklärt sich ja auch der Erfolg von Schülerpraktika und »Girls' Days«, wo Horden begeisterter Kids durch die Büros, Hallen und Fabriken der Republik schweben vor Glück. Damit im Hinterkopf ist schon klar: Das Museum der Arbeit ist tatsächlich und ohne Einschränkung ein Hit für Kinder. Wir empfehlen einen Blick in die Metallwerkstatt im Erdgeschoss, denn da gehen die Kids mit einem Schmuckstück nach Hause!

Und zwar einem echten Gewächs der 1980er Jahre. Das kommt so: Damals fertigte der Modeschmuck-Riese »Bijou Brigitte« seine Stücke noch in Deutschland. Als die Firma den Produktionsstandort aufgab, kam eine der nun überflüssigen Maschinen ins Museum der Arbeit: Die Elefanten-Schleuder-Maschine! Dahinter verbirgt sich ein riesiger, klobiger Ofen, in dem Zinn geschmolzen wird, das man nach dem Flüssigwerden (vorsichtig!) mit einer Schöpfkelle in eine Gummiform gießen darf. Die kommt zurück in die Maschine, die das Metall fest in die kleinen Elefantenformen presst. Abkühlen lassen, rausdrücken und anmalen: Fertig ist die fast originale Bijou-Brigitte-Brosche (im Original kamen damals noch Anstecknadeln auf die Rückseite). Das ist ja wohl eins der coolsten Souvenirs, die man aus einem Museum mitnehmen kann.

Übrigens: Motiviert vom kleinen, kreativen Trip in die Schmuckherstellung früherer Zeiten, schafft man bestimmt auch den Rundgang durch den Rest des Baus: lohnend!

TIPP: Im Hof des riesigen Areals lockt das Fabrik-Café mit leckeren Kleinigkeiten und sehr familienfreundlicher Atmosphäre.

Adresse Wiesendamm 3, 22305 Hamburg-Barmbek-Nord // **ÖPNV** U 3, S 1, S 11, Haltestelle Barmbek, danach drei Minuten Fußweg // **Öffnungszeiten** Elefantenschleudern Mi 16–17 Uhr. Unter www.museum-der-arbeit.de/de/kinder-familien/kinderprogramm.htm findet man alle Familienangebote. // ab sechs Jahre

67_DAS MINERALOGISCHE MUSEUM

Steinhart und ein Schocker

Dieses kleine, unscheinbare Museum ist, der Wortwitz muss erlaubt sein, ein echtes Juwel. Denn es blieb bis heute von moderner Ausstellungspräsentation vollkommen unberührt und ist daher fast ein kleiner Ausflug ins Deutschland der 1970er Jahre.

Steine werden hier auf kleinen, mit Schreibmaschine getippten Zetteln erklärt. Touchscreens? Nirgends. Und die Steine werden vor einem Grün präsentiert, das seine Mode eindeutig in einem anderen Jahrzehnt hatte. Aber gerade das wird hier, im Kontext der steinernen Exponate, doch wieder zum Plus.

Denn was könnte zeitloser sein als Mineralien? Gesteinsbrocken, die in ihrer Winzigkeit ja die ganze Erdgeschichte erzählen. Eine Historie, der die vergangenen 50 Jahre erdgeschichtlich ehrlich gesagt kaum etwas hinzuzufügen hatten. Insofern ist das unverfälschte Konzept doch total konsequent. Und auch wenn ältere Kinder sich beim Thema Steine sicher schon langweilen: Allen, die in ihrer Sterne-, Glitzer- oder Archäologie-Phase sind, wird es hier gefallen. Immerhin gibt es echte Edelsteine, Deutschlands größten Meteoriten und allerlei Versteinerungen zu sehen, die wirklich zum Staunen sind. Für kleine Kinder gibt es sogar noch ein Extra-Gimmick: So bis zu einem Meter zehn Größe wird ihnen passend bis auf Schulterhöhe ein Salzstein präsentiert. Alle Hygiene-Neurotiker einfach kurz wegdrehen, denn Generationen von Kindern tun hier, was sie tun müssen: Sie schlecken drüber. Und werden mit dem Geschmack von Meer belohnt.

TIPP: Mittwochs während der Öffnungszeiten können Kinder (und Erwachsene) ihre Eigenfunde begutachten lassen. Ein guter Grund, seine Schätze mal aus der Hosentasche zu fischen!

Adresse Grindelallee 48, 20146 Hamburg-Rotherbaum // **ÖPNV** Bus 5, Haltestelle Grindelhof, fünf Minuten Fußweg // **Öffnungszeiten** Mi 10–18, So 10–17 Uhr // ab acht Jahre

68_DER MODELLBOOT-TEICH

Wo Hamburg klein sein darf

Klar, Elbe und Alster, große Pötte, großer Hafen, großes Geld. Aber es gibt einen kleinen, versteckten Ort am äußersten Ostende des Stadtparks, wo Hamburg plötzlich mal ganz klein sein darf und dennoch maritim: den Modellbootteich.

Das ist nämlich kein echter Teich. Sondern ein Becken, das sich die Stadt mehr als eine Viertelmillion Euro hat kosten lassen. Und das hat sich gelohnt: Wenn man sein Modellboot (oder, okay, -schiff) mal unter perfekten Bedingungen schwimmen lassen möchte, dann hier. Denn das runde, mit Beton eingefasste Becken ist nur knietief und macht eine Seenotrettung im XXS-Format daher ganz einfach, das Reinsteigen ist absolut ungefährlich. Gleichzeitig ist es mit einem Durchmesser von 40 Metern groß genug, damit ferngesteuerte Mini-Yachten sich nicht in die Quere kommen. Und drittens hat man mit dem Stadtpark natürlich ein ohnehin wunderschönes Ausflugsziel vor Augen.

So tummeln sich hier an schönen Tagen Kinder und erwachsene Liebhaber von Miniaturbooten, manche führen stolze Segelyachten aus, als hätten sie Sardinien oder Monaco als großes Vorbild im Kopf. Sogar Wassermodellflugzeuge landen gelegentlich. Niemand, wirklich niemand wird aber für ein Playmobil-Boot schief angeguckt. Seemann ist Seemann, egal, unter welcher Flagge: Auch das ist Hamburg.

Adresse Südring, Ecke Stadthallenbrücke, 22303 Hamburg-Winterhude // **ÖPNV** U 3, Haltestelle Saarlandstraße, oder S 1 und S 11, Haltestelle Alte Wöhr, danach knapp zehn Minuten Fußweg // **Öffnungszeiten** Meist ist das Becken zwischen April und Oktober gefüllt. // ab sechs Jahre

TIPP: In Sichtweite liegt das Café Die Bucht, das mit leckeren Gerichten und Sandkiste lockt.

69_ DER MÜLLBERG POPPENBÜTTEL

Dass Dreck so schön sein kann!

Seine Geschichte sieht man diesem Areal wahrhaftig nicht an. Am Ende eines Wohngebietes im Dreieck Poppenbüttel, Hummelsbüttel und Langenhorn öffnet sich eine verwunschen und wild wirkende Fläche aus Wiesen, einem See und ein paar Hügeln, die in Hamburg die Bezeichnung Berg tragen dürfen, schließlich ragt einer ganze 79 Meter in den Himmel.

Wer über den kleinen, unscheinbaren Trampelpfad hinaufgeht (das gelingt schon Dreijährigen mühelos), wird mit einer atemberaubenden Sicht auf Hamburg belohnt. An klaren Tagen erkennt man sogar Fernsehturm und Elbphilharmonie! Zu Füßen des Bergs liegt ein stiller See, die Natur macht einen unschuldig-ruhigen Eindruck. Allerdings: Die Landschaft birgt ein Geheimnis.

Ursprünglich waren die drei Berge hier Gruben, aus denen Firmen Bausand abtrugen. Nachdem die Nutzung in den 1970er Jahren eingestellt wurde, dienten die Gruben als Mülldeponie. Sie wurde von den Verantwortlichen nur mau kontrolliert, Privatleute scheuten sich nicht, illegal alles abzuladen, was ihnen lästig geworden war – inklusive einiger Autowracks und undeklarierter Giftstoffe. Die Folge: Irgendwann musste das Schlimmste abtransportiert werden. Die Gruben wurden verfüllt und zu Bergen aufgeschüttet. Nur die mittlere nicht, aus der wurde der nun so malerische See.

Heute nutzen die Anwohner das Areal gern als Joggingroute, zum Angeln, um Drachen steigen zu lassen oder als Aussichtspunkt. Noch ist unklar, ob hier nicht doch noch eine Mülldeponie genehmigt wird. Bis dahin kämpfen die, die den geheimen Platz kennen, um seine Erhaltung.

Adresse Kiwittredder, 22399 Hamburg-Poppenbüttel // **ÖPNV** Bus 178, Haltestelle Drosselstieg, danach etwa zehn Minuten Fußweg // **Öffnungszeiten** immer frei zugänglich // ab null Jahre

TIPP: Am Poppenbütteler Marktplatz lockt eine sehr kleine, aber nette Eisdiele mit hübschem Außenbereich.

70_ DAS NALANDIA

Spaß für Kids, Kaffee für die Großen

»Familienfreundliches Lokal« – für so eine Bewertung scheint manchmal schon ein Hochstuhl zu reichen oder dass man bei Lautstärke nicht schräg angeguckt wird. Im Vergleich dazu ist »familienfreundlich« für das Nalandia eine heftige Untertreibung. Das Café in Altona ist ein Paradies für kleine Kinder und eine Oase für Eltern. Klar gibt es hier Hochstühle. Auch. Aber daneben eine De-luxe-Krabbelecke für Babys. Und einen XXL-Spielbereich für ältere Kinder, der die gesamte erste Etage einnimmt. Und auch wenn »mit liebevoller Betreuung« in dem Zusammenhang oft etwas inflationär gebraucht wird: Hier ist das so. Eine gut gelaunte junge Frau kümmert sich voller Spaß im Skandi-Chic-Paradies im ersten Stock um die Lütten, während die Eltern im Erdgeschoss wirklich ungestört Kaffee und gesunde Snacks genießen können.

Die Kinderbetreuung kostet etwas Geld, und den Kaffee verschenken die Macherinnen auch nicht, aber der Gegenwert ist Luxus. Babyfood? Schnell serviert. Mit dem Großen auf die Toilette? Zweitkind in der Schaukel vor der Kabine »parken« und dem Hörspiel lauschen lassen, das dort läuft. Glashalterungen an den Tischen verhindern diese gewisse Art von Chaos, die Familien überallhin begleitet. Und die Atmosphäre ist wie Ausatmen in ganz lange: Hier darf jeder laut sein, hungrig, müde oder aufgeweckt. Für jedes Bedürfnis scheint es die passende Ecke zu geben. Und einen Haufen Verständnis. »Gib deiner Zeit ein Küsschen«, sagen die Macherinnen. Man fragt sich, ob mancher beim Verlassen ihres Ladens ihnen auch eins gegeben hat – aus Dankbarkeit.

> **TIPP:** Wer um den Häuserblock herumgeht, stößt auf einen sehr gut ausgestatteten Spielplatz – inklusive Wasserpumpe und drei bodengleichen Trampolinen. Herrlich!

Adresse Stahltwiete 19a, 22761 Hamburg-Bahrenfeld // **Öffnungs-zeiten** Café Di–Fr 10–18 Uhr, Sa, So 10–15 Uhr, **ÖPNV** S1 oder S11, Haltestelle Bahrenfeld // Spielwelt Di–Fr 12–17.30 Uhr, Sa, So 10–14 Uhr // ab null Jahre

NALANDIA
Spielwelt

71_ DER PATERNOSTER IM GRINDELHOCHHAUS

Hop-on-Hop-off-Lift

Ob die großen Doppeldecker-Touristenbusse sich das hier abgeguckt haben? Jedenfalls funktionieren Paternoster-Aufzüge genauso: einsteigen und aussteigen, wo es gefällt. Nur schnell muss man sein. Hier bremst kein Busfahrer für Spätentschlossene! Und genau daher rührt ja der Nervenkitzel. Schaffe ich es, reinzuhüpfen? So ab dem Schulalter geht das wirklich gut. Und dann, dann geht es los mit der Spannung: Was passiert ganz oben? Kann ich WIRKLICH stehen bleiben? Dreht der sich nicht kopfüber und uns damit mit? Kinderkreischen garantiert!

Für die Analytiker unter den Kleinen: Ja, man kann stehen bleiben. Die Kabinen drehen sich nicht um, sondern wechseln die Seite. Also hoch, seit, runter, seit. Sie fahren also einen Rundweg, auch das haben sie mit den Sightseeingbussen gemeinsam. Und in Hamburg kann man die aufregenden Relikte aus der Anfangszeit des 20. Jahrhunderts noch in einigen öffentlichen Gebäuden nutzen. Fast 600 Stück davon hatte die Stadt mal! Einzig die Ersatzteil-Problematik legt die Lift-Dinos manchmal gleich mehrere Wochen lahm. Denn Oldtimer-Fans wissen Bescheid: Was nicht mehr hergestellt wird, ist eben schwer zu kriegen.

Die Aufzüge im Bezirksamt Eimsbüttel sind während der Öffnungszeiten des Amtes für jedermann zugänglich, und der Besuch lohnt dann auch noch doppelt: Von den oberen Stockwerken aus haben Besucher einen der schönsten Ausblicke der Stadt.

TIPP: Im zwölften Stock des Hauses findet sich eine sehr tolle Kantine, die Cafeteria 66, die auch von Externen gern besucht wird. Aussicht und Essen genießen!

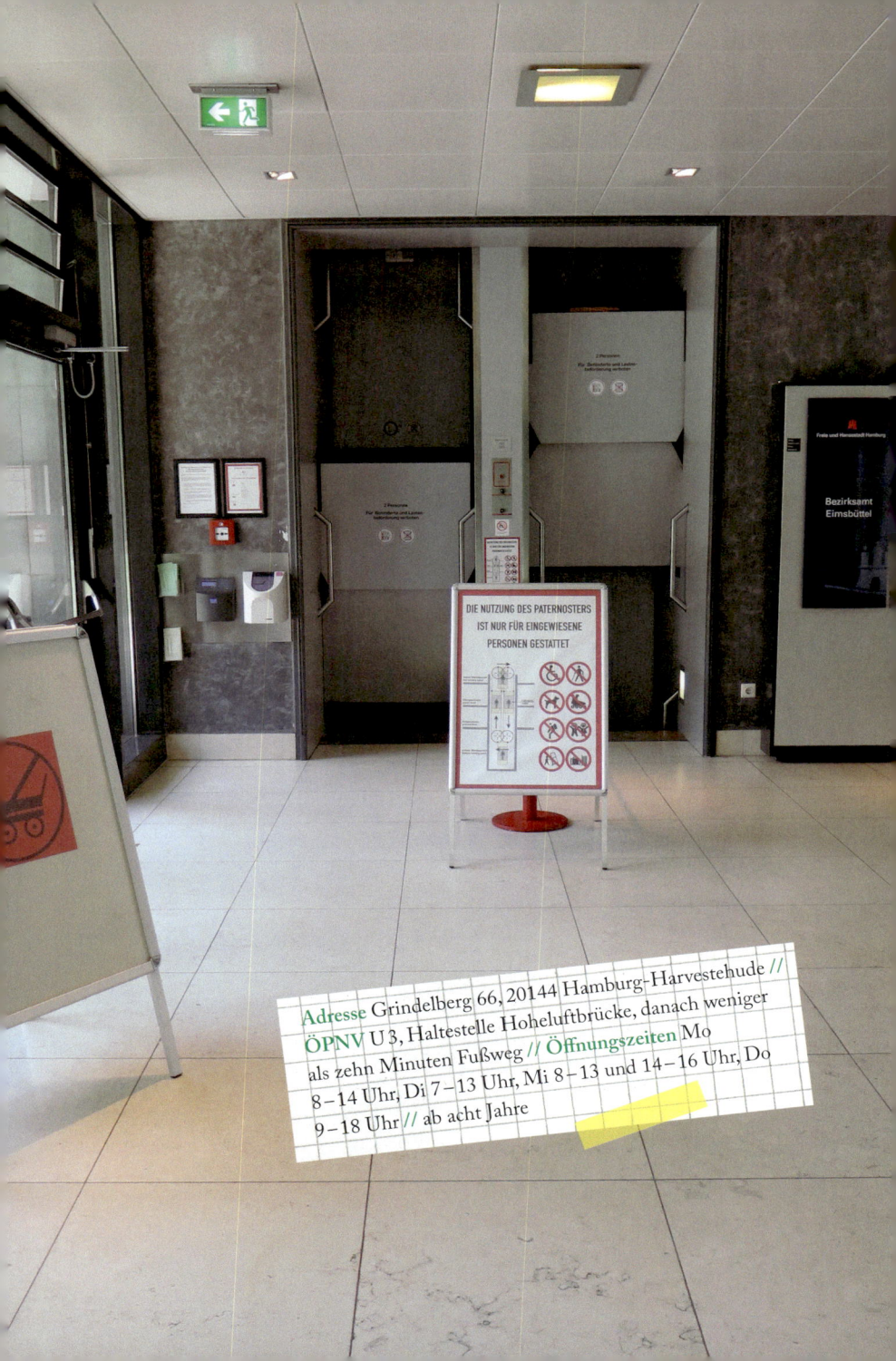

DIE NUTZUNG DES PATERNOSTERS
IST NUR FÜR EINGEWIESENE
PERSONEN GESTATTET

Bezirksamt
Eimsbüttel

Adresse Grindelberg 66, 20144 Hamburg-Harvestehude //
ÖPNV U 3, Haltestelle Hoheluftbrücke, danach weniger
als zehn Minuten Fußweg // Öffnungszeiten Mo
8–14 Uhr, Di 7–13 Uhr, Mi 8–13 und 14–16 Uhr, Do
9–18 Uhr // ab acht Jahre

72 DER PHOTOAUTOMAT

Mini-Zeitreise für zwei Euro

Kinder, war das früher irre. Man ging zum Fotografen oder suchte sich einen Automaten. Glotzte einigermaßen verwundert in den viel zu hellen Blitz. Viermal, uff! Und die vier Passfotos, die anschließend aus dem Schlitz fielen, klebten danach jahrelang in irgendwelchen Ausweisen. Da war nichts mit vorher angucken und Retusche! Heute wäre so ein fotografisches Vorgehen fast undenkbar. Wer also heute einen Fotoautomaten nutzt, der macht darin nicht nur Aufnahmen, sondern unternimmt auch eine kleine Zeitreise.

In Hamburg stehen noch ein paar dieser Relikte einer analogen Zeit im Stadtgebiet herum. Als besonders charmant sticht dabei der am Knust im Schanzenviertel hervor. Eine winzige rote Kabine, die augenscheinlich seit Jahren von außen mit Aufklebern verziert wird und in der ein kleiner metallener Sitzhocker nicht gerade zu einer entspannten Fotopose einlädt. Und er knipst auch nur schwarz-weiß. Er ist also tatsächlich ein reines Vergnügen. Eines, das Partygänger sonntagmorgens nutzen oder Verliebte nach dem Flohmarkt.

So widersinnig es klingt: Ausgerechnet diese kleine Funzel ohne jeden Anspruch an Komfort und Ästhetik wird meist auch noch für Gruppenfotos genutzt. Warum also nicht von Familien, die für sagenhafte zwei Euro gleich drei Dinge auf einmal bekommen: Fotos, auf denen endlich mal alle drauf sind (jedenfalls meistens). Ein Andenken an einen Tag in Hamburg. Und eine kleine Geschichtsstunde über die Zeit vor der Digitalisierung.

TIPP: Auf dem Platz davor findet jeden Samstag die berühmte »Floh-Schanze« statt, einer der beliebtesten Flohmärkte der Stadt.

Adresse Neuer Kamp 32, 20357 Hamburg-St. Pauli //
ÖPNV U 3, Haltestelle Feldstraße // ab null Jahre

73_ DER PIZZA- AUTOMAT

Leibgericht auf Knopfdruck

Man kann machen, was man will: Es wird eine Phase geben, in der das Kind sich von ein, zwei oder wenigstens kaum mehr Leibspeisen ernähren wird. Vielleicht haben Nudeln ohne Soße das Überleben der Menschheit gerettet! Selbst ausgebildete Pädagogen scheitern daran, etwas dagegen zu tun. Was du nicht ändern kannst, das kannst du wenigstens zelebrieren – zum Beispiel mit einem (fast) einmaligen Automaten in Hamburg. Er liefert zwar nicht nackige Nudeln, aber dafür leckere Pizza! Voller Kinderbauch garantiert, staunende Augen als Gimmick on top.

Und das geht so: acht Euro einwerfen, schon das ist zumindest für Kleinkinder ja Spaß. Und dann heißt es 210 Sekunden warten. Ist das wenig, dreieinhalb Minuten reichen ja nicht mal Kleinkindern für Langeweile! Glücklich sind also die, die als Erste des Tages eine Pizza ziehen, dann muss der Automat nämlich erst noch aufwärmen, und man darf dem Ergebnis etwas länger entgegenfiebern.

Irgendwann aber ist es so weit und die Spannung vorbei: Bescherung aus dem Blech-Apparat! Raus kommt eine appetitliche Pizza Salami (es gibt noch andere Sorten), die geschmacklich weit über dem Niveau bekannter Tiefkühlpizzen liegt. Aber das ist auch nicht so wichtig, denn was viel mehr zählt, ist das Event. Vielleicht ist das gar nicht nur ein Pizza-Automat. Sondern die kleinste Erlebnisgastronomie der Welt.

TIPP: Der Automat steht in der Jugendherberge »Auf dem Stintfang«, von der aus man eine sensationelle Sicht auf den Hamburger Hafen hat. Das sind schon zwei Gründe für eine Übernachtung in dem familienfreundlichen Haus.

Adresse Alfred-Wegener-Weg 5, 20459 Hamburg-Neustadt // **ÖPNV** S 1, S 3, Haltestelle Landungsbrücken, oder U 3, Haltestelle St. Pauli // **Öffnungszeiten** keine Schließzeiten // ab fünf Jahre

74_DAS POLIZEIMUSEUM

Tatütata, der Spaß ist da

Die Polizei hat bisweilen ja ein etwas dröges Image, das sich aus Amtsdeutsch, Regelverliebtheit und strenger Uniform speist. Vielleicht klingt deswegen »Polizeimuseum« erst mal nicht nach einem Feuerwerk an Unterhaltung. Aber versprochen: Das ist es. Von echten Mordwaffen über Erpresser-Tonaufnahmen (nix für Kleine!) bis zum lebensechten Hubschrauberflug ist alles dabei. Eine Wunder-Tütata sozusagen.

Das Museum liegt auf dem Gelände der Polizeiakademie – wer Glück hat, kann schon vor dem Museum anfangen zu staunen, wenn junge Polizisten gerade lernen, einen Wasserwerfer zu steuern. Das ist großes Kino, das sich im Inneren des Gebäudes cool fortsetzt. Kinder zieht es im Erdgeschoss zur Revierwache – da dürfen sie alles anfassen und ausprobieren, inklusive Fernschreiber und Schreibmaschine. Wie magnetisch wirkt der Hubschrauberflug. Im Cockpit des Hubi können vier unterschiedliche Einsätze »geflogen« werden. Irre, so dicht über der Alster zu kacheln oder einen Vermissten mit Wärmebildkamera im Wald aufzuspüren. Auch die zwei Einsatzfahrten im original (wenngleich aus Platzgründen halbierten) Streifenwagen garantieren echtes Polizeifeeling: Da kommt kein »Tatort« mit!

Im obersten Stockwerk wird es ein bisschen gruselig, hier sind Beweisstücke berühmter Hamburger Kriminalfälle ausgestellt. Das ist zwar nicht blutrünstig dargestellt, aber die Macher empfehlen, Kinder erst ab 14 Jahren mitzunehmen. Und das ist noch nicht alles. Es gibt ein Bilderbuch-Suchspiel (ab vier Jahren), eine Merkbuch-Rallye (ab acht), ein Ermittlerspiel (ab zwölf), Kinderkrimilesungen … und mehr.

Adresse Carl-Cohn-Straße 39, 22297 Hamburg-Winterhude // **ÖPNV** U1, Haltestelle Alsterdorf, danach zehn Minuten Fußweg // **Öffnungszeiten** Di, Mi, Do, So 11–17 Uhr // für Kinder jeder Altersklasse, ab 16 muss man sich ausweisen

75_ DER PONYHOF IDEN

Das Glück dieser Erde ... liegt in einem Hinterhof

In Duvenstedt, einem hübschen und sehr gepflegten Ort am Rande der Stadt, ist das pulsierende Zentrum Hamburgs nur 15 Minuten entfernt, die Idylle dennoch dörflich perfekt – und der Baugrund teuer. Umso erstaunlicher, dass sich hier, direkt abgehend vom zentralen Kreisel, uneinsehbar von der Straße, ein Hof öffnet zu einem echten Kinderparadies: dem Ponyhof Iden.

Heerscharen von Hamburger Kindern lernen hier nicht nur ihre Liebe zu Pferden, sondern natürlich auch zum Reiten kennen. Denn es warten mehrere Dutzend Shetlandponys (Widerrist- und Fallhöhe: nur etwa ein Meter) darauf, gepflegt, gekuschelt, geküsst und geritten zu werden. Die Geduld und Liebenswürdigkeit dieser Pferde kennen augenscheinlich keine Grenzen. Motiviert tragen sie ihre menschlichen Freunde durch die Halle, über den Reitplatz oder sogar durch die allseitig angrenzenden Wohngebiete. Die Anwohner sind den Anblick reitender Kleinkinder gewohnt und fahren Schritttempo. Denn: Angeboten werden die Reitstunden schon ab zwei Jahren.

Eine Kaderschmiede ist das dennoch nicht: Das Wohl der Tiere, die in Offenställen rund um den Ort leben, und der Kinder, die in erster Linie Spaß haben sollen, ist das oberste Ziel. Es geht also gerade bei den Kleinen weniger um Sport und viel mehr um Spaß. Und das funktioniert: Winzige Menschen mit winzigen Helmen auf den Köpfen und winzigen Bürsten in den Händen leben hier ihre große, große Liebe aus. Nach der Stunde dürfen die Tiere zurück auf die Weide. Wenn die Kinder dürften, dann nähmen sie sie sicher mit nach Hause.

Adresse Im Ellernbusch 7, 22397 Hamburg-Duvenstedt // **ÖPNV** S 1 oder S 11, Haltestelle Poppenbüttel, dann Bus 176, Haltestelle Lohe, danach sieben Minuten Fußweg // **Öffnungszeiten** Reitzeiten: unter http://hof-iden.de // ab zwei Jahre

TIPP: Nicht weit vom Hof, am Kreisel im Zentrum, liegt das herrliche Duvenstedter Eiscafé mit XXL-Sandkiste.

5_DER PONYHOF WALDSCHÄNKE

Wie Cowboys und -girls

Mitten durch den Rissener Forst führt ein großes Netz an Reitwegen, das eine der schönsten und grünsten Ecken der Hansestadt erschließt. Und schon kleine Kinder dürfen hier ausprobieren, wie es sich anfühlt, zu reiten.

Denn dafür steht rund ein Dutzend friedlicher Ponys verschiedener Größen bereit. Alle sind lauffreudig und gut gelaunt, dazu gesellen sich große Sanftmut und Geduld mit pferdeunerfahrenen Eltern. Denn hier wird geführt, nicht frei geritten. Auf einem Rundweg durch den Wald, der an der zugehörigen »Ponyschänke« startet und endet, können Kinder erste Erfahrungen mit Pferden sammeln und testen, ob das mit dem Reiten vielleicht das Richtige für sie sein könnte.

Jede Runde dauert in angenehmem Lauftempo etwa eine halbe Stunde, bis zu einer Stunde darf man sich ein Pony ausleihen. Danach gehen die Tiere eine Weile zurück auf die Weide, denn überarbeiten sollen sie sich hier nicht. Das merkt man ihnen an, ihnen geht wirklich jede Zickigkeit ab. So verlassen sie die Kinder nach einem rundum freudigen Ausflug, der nur ein Problem bringen kann, den Satz: »Ich will jetzt auch ein Pony!« Das lässt sich ja dann auf der großen Terrasse der Pony-Waldschänke sehr gemütlich bei einem Mittagessen oder Eis diskutieren.

TIPP: Wenige Gehminuten von der Pony-Waldschänke entfernt liegt ein großer Spielplatz mitten im Wald, der vor allem an heißen Tagen, da gut vor der Sonne geschützt, mit den üblichen Geräten lockt.

PONY-RUNDWEG

Adresse Babenwischenweg 28, 22559 Hamburg-Rissen //
ÖPNV S 1, Haltestelle Rissen, danach 40 Minuten
Fußweg // **Öffnungszeiten** Ponyreiten Di – Fr
14 – 17.30 Uhr, Sa, So und Feiertage 10 – 17.30 Uhr, im
Winter nur bis Sonnenuntergang // ab zwei Jahre

77 _ DAS PUPPEN-MUSEUM

Außen sachlich, innen verspielt

Was für ein kurioses Stück Hamburger Kultur: Da steht direkt an der Elbe im Sven-Simon-Park eine der bekanntesten Bauhaus-Villen des Landes, gebaut 1923. Und verfällt. 1980 schenkte der damalige Eigentümer Axel Springer sie der Stadt – zuvor hatte er eine Abrissgenehmigung einholen lassen. Nun, das Haus wurde gerettet, unter Denkmalschutz gestellt, und was zog ein? Ein Puppenmuseum. Krasser könnte der Widerspruch zwischen der Form des Hauses und seinem Inhalt kaum sein. Denn nun tummeln sich in dem sachlichen Bau Barbies, Puppenstuben, Käthe-Kruse-Püppchen. Kurz: Für Kinder ist das hier eine Zeitreise ins Kinderzimmer der Eltern und Großeltern, der sie chronologisch geordnet folgen können.

Denn die Kleinen stoßen sich ja noch nicht am Widerspruch zwischen Gebäude und Inhalt. Und hey, gerade als Eltern bleibt man ja geistig flexibel und kann darin einen »reizvollen Kontrast« sehen. Kennt man ja vielleicht vom eigenen Zuhause: Da renoviert man liebevoll ein Eppendorfer Townhouse – und dann zieht mit den Kindern das Chaos in die Räume ein.

Chaos ist das nicht in der Villa, es ist eine große, museal aufbereitete Sammlung Dutzender Puppenstuben und alter wie neuerer Puppen, auf die Kinder etwa bis zur Grundschule auch ehrlich abfahren. Nur dass die Glasscheiben (eigentlich) nicht angefasst werden sollen, könnte den Entdeckergeist hier und da mal bremsen. Ach, sei es drum, die Kids gucken Puppen, die Eltern auch – und freuen sich an der Architektur. Dieser Ort ist wirklich ein Unikat.

Adresse Grotiusweg 79, 22587 Hamburg-Blankenese // ÖPNV S 1 und S 11, Haltestelle Blankenese, dann Bus 189, Haltestelle Tinsdaler Kirchenweg // Öffnungszeiten Di – So 11 – 17 Uhr // ab drei Jahre

TIPP: Unbedingt ums Haus herumgehen. Im hinteren Teil des Gartens stehen Bänke, von denen man einen herrlichen Ausblick auf die Elbe hat.

78_ DAS PUPPEN-THEATER

Spielend Spaß haben

Was sind eigentlich die tollsten Erinnerungen an eine Kindheit? Die, die lang bleiben und bis ins hohe Alter ein wohliges Gefühl verursachen? Meistens sind es Bruchstücke von besonderen Erlebnissen. Gerüche, einzelne Bilder, vielleicht Lieder. Deswegen machen wir Urlaube, singen Gutenachtlieder und basteln zur Adventszeit. Deswegen aber lohnt ein Trip nach Barmbek, denn ein Besuch im Hamburger Puppentheater könnte so eine Erinnerung werden, die auch im Erwachsenenalter immer mal auftaucht aus dem Knäuel der Erlebnisse. Die Kindervorstellungen im Puppentheater sind voller Highlights – und bei manchen Hamburger Familien ein wiederkehrendes Ritual, längst nicht nur zur Adventszeit.

Klar gibt es hier alljährlich ein Weihnachtsmärchen. Aber das Haus bietet daneben immer wieder neue, spannende Anlässe, mit seinen Kindern den Weg hierherzufinden. Manchmal sind es Puppentheater-Stücke, wie man sie kennt. Manchmal wird offen mit großen Puppen auf der Bühne agiert. Andere Stücke sind als zauberhafte Schattenspiele inszeniert. Und die Kinder? Lieben es. Genau wie die Workshops, in denen sie eine eigene Handpuppe basteln können.

Es lohnt sich also, öfter mal einen Blick auf die Internetseite zu werfen – und dann die Puppen tanzen zu lassen. Oder den tanzenden Puppen zuzusehen. Ein irre phantasievoller Ort in einem fast ganz echten Pfahlbau. Toll!

Adresse Bramfelder Straße 9, 22305 Hamburg-Barmbek-Süd // ÖPNV S 1, S 11, U 3, Haltestelle Barmbek, danach Bus 37, Haltestelle Flachsland // Öffnungszeiten Spielplan: unter www.hamburgerpuppentheater.de // ab drei Jahre

TIPP: Ganz in der Nähe
verläuft der Osterbekkanal, in dem man
sogar angeln darf!

79_ DAS PYJAMA PARK

Neben der Sünde schläft es sich traumhaft

Vorsicht, nix für Spießer! Diese familienfreundliche Unterkunft liegt nämlich mitten auf der Reeperbahn, euphemistisch auch »Unterhaltungsmeile« genannt. Hier trinken Touristen schon vormittags Bier, und direkt neben dem Eingang lockt die Boutique Bizarre mit Zubehör zum erotischen Dasein. Wer die Atmosphäre aber als lebhaft und bunt zu schätzen weiß, der wird mit einem Aufenthalt in einem einmalig schön gestalteten, freundlichen und sehr zentralen Ho(s)tel belohnt.

Graffiti an den Wänden, die Betten stapelbar und die Kaffeetassen mit Schlagringen als Henkel: Das Pyjama Park Hotel & Hostel ist ein echtes Gewächs der Reeperbahn. Und doch geht ihm jede Rotlichtigkeit ab: Hier finden vor allem Familien ein Zuhause auf Zeit. Denn allem Rummel vor der Tür zum Trotz öffnet sich die geschlossene Dachterrasse des kleinen Hotels zu einem Wohnviertel hin, zu sehen ist nichts als blauer Himmel, und idyllischer kann ein Frühstück auf loungigen Palettenmöbeln kaum sein.

Die 22 Hostelzimmer (mit Etagenbad) und 30 Hotelzimmer sind bis ins kleinste Detail liebevoll gestaltet, das WLAN ist gratis und das Frühstück lecker und groß. Wer ein Zimmer zum Innenhof bucht, kriegt vom Stadttrubel nichts mit und träumt sich glatt noch in den Landurlaub. Dagegen hilft rausgehen und Stadtluft schnuppern! Die aufregende Reeperbahn vor der Tür, das Schanzenviertel in Laufnähe und mit U- und S-Bahn die ganze Stadt nur ein Ticket entfernt.

TIPP: Ein Gang über die Reeperbahn bietet viele Sehenswürdigkeiten: vom Spielbudenplatz mit Konzerten und hippen Events bis zur berühmten Davidwache.

Adresse Reeperbahn 36, 20359 Hamburg-St. Pauli, www.pyjama-park.de // **ÖPNV** U 3, Haltestelle St. Pauli, S 1, S 2, S 3, Haltestelle Reeperbahn // **Öffnungszeiten** Die Rezeption ist durchgehend besetzt. // ab null Jahre

80 _ DAS QUIDDITCH-TEAM

Expecto Gaudium!

Harry Potter ist Kult. Gut 20 Jahre nach seiner Entstehung sind sich Fans und Feuilleton ausnahmsweise einig: Die Romane um den heranwachsenden Zauberlehrling sind zu Recht ein Welterfolg. Aber wer hätte gedacht, dass nicht nur Bücher, Filme und Merchandising die Welt erobern, sondern sogar die Sportart, die J. K. Rowling für ihre Protagonisten erfunden hat? Genauso ist es aber, und wer sich ein echtes Quidditch-Training ansehen will, der kann das jede Woche im Hamburger Stadtpark tun.

Noch unbemerkt vom Olympischen Komitee hat sich nämlich eine weltweite Fangemeinde entwickelt, in Hamburg bringen es die »Werewolves«, eine gemischte Mannschaft aus Jungs und Mädchen vom Teenager bis zum Berufstätigen, sogar bis zu Meisterschaften. 2017 verpassten sie bei der Deutschen Meisterschaft nur knapp das Siegertreppchen!

Wie das Spiel geht? Leider natürlich ohne fliegenden Nimbus 2000! Stattdessen Besen-Ersatz in der Hand, verschiedene Bälle im Spiel, Ringe, durch die sie fliegen müssen. Jäger gegen Treiber, jeweils sieben pro Team.

Und irgendwann flitzt ein Unparteiischer übers Feld – mit goldenem Schnatz am Hosenbund, den es zu schnappen gilt. Keine Frage, das Regelwerk ist kompliziert, und die Besen können nicht abheben, aber schon nach kurzem Zusehen wird klar: Quidditch ist sportlich anspruchsvoll, temporeich und muss Spaß machen. Vielleicht, weil es so schnell ist, weil jedes Team aus beiden Geschlechtern besteht, weil das Ganze mit einem Augenzwinkern entstand. Quidditch ist jedenfalls ein Trend, der fit hält – *it's* magic.

Adresse Festwiese im Stadtpark, gegenüber vom Planetarium // ÖPNV U 3, Haltestelle Borgweg, Bus 179, Haltestelle Stadtpark (Planetarium), von dort circa drei Minuten Fußweg // Öffnungszeiten Termine: unter www.quidditch-hamburg.de // ab 14 Jahre

TIPP: Die Wiese ist im Herbst traditionell mit Dutzenden Lenkdrachenfliegern bevölkert. Also einpacken und nach dem Quidditch doch noch richtig abheben!

81_ DER REGEN-SPIELPLATZ

Aus Niederschlag Gold machen

Die Hamburger sind bekannt für ihre innere Ruhe, wenn es ums Wetter geht. Alles andere wäre auch unklug, denn Regen ist hier wirklich an der Tagesordnung. Wichtiges geflügeltes Wort: »Es gibt kein schlechtes Wetter. Nur falsche Kleidung.« Also rein in die Regenhose, Gummistiefel an – und dann ab nach Neugraben-Fischbek, wo die Stadt mal genau das Richtige getan und einen Spielplatz gebaut hat, der den Regen noch besser macht.

Dafür hat ein Architekt einen künstlichen Bachlauf anlegen lassen. Hier sammeln sich Regentropfen zu einem veritablen Wasserlauf. Und noch besser: Auch das Wasser, das die Sielanlage des benachbarten Wohngebietes nicht aufnehmen kann, wird hierhergeleitet. Es regnet? Wasserspielplatz marsch! Aus dem Flussbett aus Klinkersteinen lässt sich das Wasser dank einer riesigen archimedischen Schraube fördern – kurbeln, Eimer drunter und dann Wasser auffangen. Solche Schneckenpumpen werden bis heute als wartungsarme Förderanlagen an allerlei Stellen eingesetzt – eine Stunde Physikunterricht mit Spaß ist auf diesem Spielplatz also inbegriffen.

Bei Sonne muss aber niemand zu Hause bleiben: Der Spielplatz verfügt über eine üppige Auswahl üblicher Spielgeräte. So lernen Kinder nebenbei noch eine kleine, aber wichtige Lektion: dass man über die Natur nicht bestimmen kann und Wasser ein kostbares Gut ist. Selbst im regenverwöhnten Hamburg.

TIPP: Die Fischbeker Heide liegt eine Viertelstunde Fußweg entfernt. Nur die Lüneburger Heide ist größer! Und direkt am Weg gibt es das Eiscafé Müller (Cuxhavener Straße 441) – eine Hamburger Institution!

Adresse Fischbeker Holtweg, 21149 Hamburg-Neugraben-Fischbek // **ÖPNV** Bus 240, Haltestelle Fischbeker Holtweg // **Öffnungszeiten** immer geöffnet // ab null Jahre

82_ DER REWE DOROTHEENSTRASSE

Shoppen und kicken

Es ist einer der ewigen Kämpfe zwischen Eltern und Kindern: das Einkaufen. Irgendeiner hat immer keine Lust und tut das am liebsten auch laut kund. Mit einem Jahr weinen sie, mit zwei trommeln sie dabei mit den Fäusten auf dem Boden herum, und mit sechs vermitteln die lieben Kleinen es einfach nonverbal – hängende Schultern, Augen verdrehen, genervte Grunzlaute. Wer in Hamburg also ein mäkeliges Kind in den Supermarkt karren muss, weil es abends aller Voraussicht nach Hunger haben wird, der ist mit dem Rewe in der Dorotheenstraße gut beraten: Mittendrin lockt ein Fußballplatz. Okay, nicht in Originalgröße, aber mit 140 Quadratmetern groß genug. Mit Netzen eingezäunt, sodass kein ambitionierter Torschuss die Konservenabteilung plattmachen kann. Und mit veritabler Zuschauertribüne für die Eltern.

Dahinter stecken die beiden Geschäftsführer des Markts: Holger Stanislawski, einst Trainer des FC St. Pauli, und sein Kompagnon, ausgerechnet Ex-HSV-Kicker Alexander Laas. In diesem Rewe wächst zusammen, was in Hamburg ja doch irgendwie zusammengehört, und so viel Fußball muss bei den beiden Ex-Kickern noch sein, dass in ihren Markt auch ein Bolzplatz für Kinder passt. Drum herum können die Kids Devotionalien ihres bevorzugten Clubs in den Einkaufswagen schaufeln, sogar FC-Bayern-Fankram. Und aufpassen: Manchmal kauft hier stilecht Lotto King Karl ein, der »Hamburg, meine Perle«-Fußballhymnen-Promi, was das Erlebnis ja wohl perfekt macht. Aber auch hier gilt: Nach dem Spiel ist vor dem Spiel. Denn irgendwann heißt es, alle Amateur-Torjäger doch noch zum Rest des Einkaufs zu motivieren.

Adresse REWE Center H. Stanislawski & A. Laas, Dorotheenstraße 116–122, 22301 Hamburg-Winterhude // **ÖPNV** Bus 25, Haltestelle Dorotheenstraße, danach etwa sechs Minuten Fußweg, der Markt hat aber ein großes Parkhaus // **Öffnungszeiten** Mo–Sa 8–22 Uhr // ab drei Jahre

TIPP: Sieben Minuten Fußweg entfernt liegt der Spielplatz am Goldbekplatz, mit allem, was auch größeren Kindern Spaß macht.

83_AUF DER RICKMER RICKMERS HOCH HINAUS

Klettern für Flachländer

Die Rickmer Rickmers kennt nun wirklich jeder, der den Hamburger Hafen mal gesehen hat. Der Dreimaster von 1896 liegt da, tagein, tagaus, und lässt seine Schönheit von Heerscharen von Touristen bewundern. Und das zu Recht, das Museumsschiff ist einfach ein Augenparkplatz. Was aber kaum einer weiß: Man kann auf der Rickmer Rickmers richtig hoch hinaus. Klettern nämlich. Auf bis zu 35 Meter Höhe über der Elbe kann man sich hier hangeln.

Eigentlich klingt die Activity wie etwas, das man seinen Kindern auf jeden Fall verbietet. Nach einem Pippi-Langstrumpf-Eigensinn oder einem Streich von Michel aus Lönneberga. Aber: Jeden Samstag kann man sich von Kletterprofis zeigen lassen, wie man den Hauptmast der Rickmer Rickmers erklimmt. Abgesichert durch ein übliches Seil, klar. Der Kletterspaß entspricht alpinen Standards und ist TÜV-geprüft. Was das Abenteuer nicht weniger exotisch macht!

Die Route führt über die Wanten bis zur zweiten Saling. Sie verstehen nur Bahnhof? Ist aber Segelkram. Wanten sind die Taue, die die Masten eines Segelschiffs stützen. Und die Saling ist die Plattform zum Ausschauhalten. Einmal auf der zweiten Saling angekommen, findet man sich vis-à-vis der Elbphilharmonie. Meint, Möwen vom Himmel pflücken zu können. Und findet das stolze Museumsschiff plötzlich ganz schön klein, dafür die Elbe umso majestätischer. Ein Panorama im Hamburger Hafen zu erklettern – ein einmaliger Trip für Kinder von vier bis sechs Jahren, je nach Fitness. Auch das checken die Kletterprofis vor Ort gewissenhaft.

Adresse Landungsbrücken, Ponton 1a, 20359 Hamburg-St. Pauli // **ÖPNV** U 3, Haltestelle Landungsbrücken // **Öffnungszeiten** Termine: unter www.schnurstracks-kletterparks.de // vier bis sechs Jahre

TIPP: Im »Brücke 10«, direkt an den Landungsbrücken, gibt es Fischbrötchen, die so lecker sind, dass auch Einheimische sie dort genießen.

84_DIE RIEPENBURGER MÜHLE

Zeit, dass sich was dreht

Eigentlich erklärt sich die Riepenburger Mühle ein bisschen von selbst, denn in Sichtweite der alten Dame stehen moderne Windkrafträder. Da pustet der Hamburger Wind Strom in die Haushalte, und es ist ebenso verblüffend wie logisch, dass schon unsere Vorfahren die gleiche erneuerbare Energie bei Mühlen zu nutzen wussten. Umso mehr ist das historische Exemplar auch heute noch einen Besuch wert, zumal mit Kindern, die an ihrem Beispiel ganz charmant begreifen, dass Windkraft eigentlich ganz ohne komplizierte Technologie funktioniert.

Im Jahr 1318 (!) wurde dieses Gebäude das erste Mal urkundlich erwähnt, und heute, fast genau 700 Jahre später, sind Kinder fasziniert, wenn hier an Schau-Sonntagen gezeigt wird, was die Riepenburger Mühle so alles leistet. Na, jedenfalls wenn nicht gerade Flaute herrscht, denn ohne Wind geht natürlich leider gar nichts – das kommt in Hamburg aber nicht so oft vor. Korn wird zu Mehl, Leinsaat zu Öl, Wind zu Energie. Das ist in nicht mal einer Stunde kurzweilig erklärt, und danach spricht nichts gegen einen Besuch im urigen Mühlencafé. Hier entsteht aus dem Mehl legendär leckerer Apfelkuchen, und fürs Auge gibt es eine sehr hübsche Puppenstube. Wer aber nicht mehr stillhalten kann, für den liegen direkt vor der Tür weite Radwege, Wiesen und Felder – Hamburg von seiner grünen Seite. Wahnsinnig schön!

TIPP: Etwa zehn Laufminuten entfernt liegt Hof Eggers, ein Biobauernhof mit an Wochenenden geöffnetem Hofcafé. Ein Naturrundweg verbindet die beiden Sehenswürdigkeiten. Augen offen halten nach Storch, Hase und Co.!

Adresse Kirchwerder Mühlendamm 75, 21037 Hamburg-Kirchwerder // **ÖPNV** S 2 und S 21, Haltestelle Bergedorf, danach Bus 225, Haltestelle Krummer Hagen // **Öffnungs-zeiten** April–Okt. Di und Do 14–18 Uhr sowie am ersten und dritten So im Monat 13–17 Uhr // ab fünf Jahre

85_ DER RIVERBUS
Hilfe, der fährt ja da rein!

Kleine Warnung: Für Menschen mit Phobien ist dieser Trip eher nichts. Denn dieses Gefährt ist einzigartig und fordert die Nerven einen Augenblick lang ein wenig heraus: der Riverbus. Das Ding tut, was sein Name befürchten lässt, es ist ein Bus und fährt in die Elbe. Allerdings geplant, denn es ist ein Hybridfahrzeug und kann das. Ein unvergleichliches, etwas schauriges Vergnügen.

Dieses Erlebnis ist anders – das zeigt sich schon an der Route des Riverbusses. Denn nach HafenCity und Speicherstadt fährt man durch Rothenburgsort, ein Viertel, das von den meisten anderen Stadtführungen vergessen wird. Gebaut wurde das Amphibienfahrzeug in Budapest, und leicht war das bestimmt nicht: Es entspricht der Binnenschiffs-Untersuchungsordnung und der Straßenverkehrs-Zulassungsordnung. Man kann sagen, in ihm steckt ein Monster der Bürokratie. Darüber denkt man aber erst hinterher nach, denn während der 70-Minuten-Tour redet der Reiseführer die ganze Zeit, vor allem Kinder werden gut unterhalten. Menschen winken dem Bus zu, und wenn es bei Entenwerder über die eigens angelegte Rampe in die Elbe geht, dann wird das von einigen Schaulustigen begleitet, die am Café Entenwerder 1 auf dem Steg stehen und freundlich winken.

Hamburg sagt man tschüs, denn nun geht es elbaufwärts Richtung Tiefstack, auch das ein Streckenabschnitt, den selbst viele Hamburger nicht kennen. Nach einer halben Stunde verwandelt sich der schwimmende Bus wieder in einen fahrenden. Ab geht es, zurück zum Brooktorkai.

TIPP: Fünf Minuten Fußweg entfernt wartet das Internationale Maritime Museum mit anderen interessanten Wasserfahrzeugen.

Adresse Brooktorkai 16, 20457 Hamburg-HafenCity //
ÖPNV Bus 6, Haltestelle Singapurstraße, oder Bus 111,
Haltestelle Osakaallee, oder U 4, Haltestelle Übersee-
quartier // **Öffnungszeiten** Abfahrtszeiten: täglich
April – Okt. 10 – 17.15 Uhr und Nov. – März 10 – 15 Uhr
alle 90 Minuten // ab fünf Jahren Mitfahrt erlaubt

86_DER RODELHANG IN DEN HARBURGER BERGEN

Aus Weißem Gold machen

Keine Skihütte, kein Glühwein und keine Lifte: Bis zum amtlich anerkannten und kommerziell genutzten Rodelberg wird Hamburg es wohl nie bringen. Aber es geht auch ohne all das Drumherum, und zwar sehr gut: mit Muskelschmalz statt Industrie und Proviant statt Gastronomie. Wann immer also genug Schnee fällt, macht halb Hamburg sich auf in die Harburger Berge. Zieht Kinder und Schlitten so hoch, wie die semialpine Landschaft es hier zulässt. Und dann geht die Stimmung rauf, denn es geht ab(wärts): Rodel-Time!

Das Waldgebiet im Süden der Stadt bietet tatsächlich Aufstiege von bis zu 150 Metern und lockt in den wärmeren Jahreszeiten Wanderer und Mountainbiker. Klar, dass auch im Winter die Massen kommen. Besonders beliebt ist der Reiher-Berg, der mit immerhin 79 Metern eine gerade noch vernünftige Abfahrt ermöglicht. Das ist nicht unbedingt Extreme-Riding, aber wer die Schreie des Vergnügens hier schallen hört, weiß: Es ist genug, um eine Mordsgaudi zu sein. Er ist rund drei Kilometer von der nächsten S-Bahn-Station entfernt und damit um einiges leichter zu erreichen als zum Beispiel der Großglockner! Und wer zurückkehrt in die Ebene der Innenstadt, der kann auf dem Weg zum Bahnhof doch noch haltmachen in fast alpenländischem Ambiente (siehe Tipp!). Hamburg von seiner alpinen Seite – ein Traum in Weiß.

TIPP: In der Kärtner Hütte (Cuxhavener Straße 55c) gibt es österreichische Spezialitäten, Kaminfeuer und heimelige Atmosphäre. Jodelahoi!

Adresse Reiher-Berg, 21075 Hamburg-Heimfeld //
ÖPNV S 3 und S 31, Haltestelle Neuwiedenthal, danach
25 Minuten Fußweg // ab einem Jahr

87_DIE ROHRPOST-ÜBERBLEIBSEL

Als Handys noch Science-Fiction waren

Eigentlich ist es heute kaum noch vorstellbar: Früher haben Menschen, wenn sie besonders schnell sein wollten, Sendungen über eine Rohrpost durch die Hansestadt geschickt. Rohrpost: Dafür haben sie eigens Rohre durch die halbe Stadt verlegt. Und verschiedene Postämter mit ihnen verbunden. 1864 wurde sie in Betrieb genommen, und man kann sich einen Spaß daraus machen, ihre Reste heute in der Stadt zu suchen.

Denn es kommt noch witziger: Eigentlich machten ab 1950 so ziemlich alle Rohrpostanlagen auf der Welt dicht. Aber Hamburg baute seine aus: Nun gab es eine Großrohrpostanlage! In ihr konnten bis zu 1.000 Briefe auf einmal verschickt werden. Damals waren die Straßen schon so voll mit Autos, dass die Rohrpost manche Poststücke einfach schneller transportierte, in drei Minuten statt 30! Das Prinzip funktionierte so: Post in eine Transportkapsel stecken und mit Hilfe von starkem Luftdruck durch die Rohre befördern. Allerdings gab es die Großrohrpost kaum länger als 15 Jahre: Durch die Erschütterungen der Straßen war sie extrem reparaturanfällig und teuer. Und dann wurde sie vom Fortschritt weggefegt. Die Straßen sind heute noch voller als je zuvor – doch Faxgeräte und E-Mails haben unsere Briefkästen leerer gemacht.

Wo aber findet man die Reste? Wir empfehlen einen Rundgang um die alte Hauptpost am Stephansplatz und dort einen Blick in alle Schächte. Nur von einem Gitter bedeckt, sieht man sie hier noch liegen, und die meisten Menschen gehen an ihr vorbei, ohne je von ihr gehört zu haben.

TIPP: Direkt gegenüber liegt Planten un Blomen und vor dem Eingang eine sehr gut frequentierte Eisbude!

Adresse Stephansplatz, 20354 Hamburg–Neustadt //
ÖPNV U 1, Haltestelle Stephansplatz, oder U 2, Haltestelle Gänsemarkt, von dort wenige Minuten Fußweg //
ab acht Jahre

88_DER SCHEMMANN-SPIELPLATZ

Der teuerste Spielplatz der Stadt

Allein schon die Größe dieses Spielplatzes ist einzigartig: 14.400 Quadratmeter. Und das in malerischer Waldlage von Volksdorf. Der Schemmann-Spielplatz hat aber noch mehr Besonderheiten. Erstens bietet er zwei Geräte für gehbehinderte Wirbelwinde. Und zweitens ist er vor allem für ältere Kinder designt, die sich aus den meisten Spielplätzen eigentlich herausgewachsen glauben.

Denn das Herzstück dieses Areals ist eine riesige Ritterfestung aus Kalksandstein, die zum Klettern einlädt: Sie trennt gleichzeitig den Kleinkinderbereich vom Rest der Anlage. Und auf der verteilt sich so ziemlich alles, was Kinder dazu bringt, mal so richtig das Kind rauszulassen. Wippen, klettern, hangeln, schaukeln, drehen, rutschen, verstecken, verkriechen oder Ball spielen: Das Angebot ist einen Tagesausflug wert. Zumal man hier auch grillen kann – in Hamburg ist das keine Selbstverständlichkeit.

Zwei Tellerschaukeln baumeln von meterhohen Metallgerüsten, und wer sich traut, kann auf ihnen einen atemberaubenden Schwingradius ausreizen. Eine der Rutschen gibt ordentlich Schub, drei Sekunden Spaß und einen Magenhüpfer inklusive. Das Karussell lässt sich sogar mit dem Rollstuhl befahren, eine Liegeschaukel lässt alle fliegen, die das in Sitzposition nicht können. Basketballkörbe, ein Beachvolleyball-Feld und Fußballtore geben auch großen Gruppen Raum. Und kleine Holzpavillons bieten schnelle Rettung vor Regenschauern, die es in Hamburg unbestritten mal geben kann. Gegen ein ausgedehntes Picknick spricht also nichts … abgesehen von dem Kiosk, der in den Sommermonaten mit Konkurrenzangeboten lockt.

Adresse Schemmannstraße 56, 22359 Hamburg-Volksdorf // ÖPNV U 1, Haltestelle Volksdorf, Bus 24, Meiendorfer Weg // Öffnungszeiten jederzeit zugänglich // ab null Jahre

TIPP: Das Museumsdorf Volksdorf im nahen Ortskern bietet Nutztiere, Historie und ein süßes Café – plus noch mal viel Auslauf.

89_DER SCHIFFS-FRIEDHOF

Sensation bei Ebbe

Für diesen einmaligen Anblick in Hamburg muss man gut planen. Aber das sind Eltern ja gewöhnt, jeder, der mal ein Kleinkind hatte, versteht es, rigide Essens- und Schlafenszeiten einzuhalten. In dem Fall geht es allerdings um die Gezeiten, denn die Elbe hat Tidenhub. Und legt diese einmalige Sehenswürdigkeit in Blankenese nur bei Ebbe frei: ein Schiffswrack aus dem Jahr 1975. Die »Uwe« war an einem nebelverhangenen Wintertag mit einem polnischen Frachter kollidiert und auseinandergebrochen. Schlepper zogen sie ans Ufer, bergen konnte die beauftragte Firma aber nur den Bug. Seitdem liegt das Heck am Falkensteiner Ufer, buchstäblich ein Mahnmal zum Anfassen, und reckt sich den Besuchern bei Ebbe entgegen.

Aber kein Stress, denn auch bei Flut ist dieser Elbstrand-Abschnitt einen Besuch wert, Hundebesitzer teilen sich das Sandufer einträchtig mit Radfahrern und Familien, das gastronomische Angebot ist groß und die Strecke auch per Fahrrad ein Juwel. Da gilt es, den vorüberziehenden Containerschiffen nachzublicken, oft winkt die Besatzung von Deck. Oder Sandschaufeln mitzubringen, denn der Elbstrand steht dem der nahen Ostsee in kaum was nach. Buddeln inklusive!

So vergeht die Zeit bis zum Auftauchen der »Uwe« wie im Flug. Nicht weit entfernt liegen übrigens Reste noch älterer Schiffe, wenngleich nicht so gut erhalten. Eine Art Freilichtmuseum der Seefahrt – und ein einmaliger Anblick.

Adresse Falkensteiner Ufer, etwa in Höhe Nummer 20, 22587 Hamburg-Blankenese // ÖPNV S 1 und S 11, Haltestelle Blankenese, danach Bus 186, Haltestelle Tinsdaler Weg // Öffnungszeiten Tidenkalender unter www.hafen-hamburg.de // ab fünf Jahre

90_DAS SCHLOSS BERGEDORF

Hamburgs einziges Schloss

Gut, ein kleiner Dämpfer mal vorweg: Einen Neuschwanstein'schen Prunkbau darf man im Norden nicht erwarten. Aber dennoch: Das Schloss Bergedorf ist und bleibt das letzte Schloss, das es auf Hamburger Stadtgebiet noch gibt. Also hin und gucken!

Dazu empfiehlt sich ein kleiner Trick. Denn das Schloss selbst beherbergt eine recht spezielle Ausstellung. Es geht darin nämlich nicht um höfisches Leben, Adel oder das Schloss selbst, sondern um die Geschichte Bergedorfs und der Region. Das ist gerade für Kinder nun nicht gerade der Hammer an ==Sensation,== daran vermögen auch die temporären Ausstellungen nichts zu ändern, die zum Beispiel Fotos oder ==Postkarten== zeigen.

Wer aber weiß, wo er diesem Schloss ein kleines Geheimnis abtrotzen kann, der findet doch noch seine (absolut kindgerechte) Attraktion – nämlich im Keller!

Dort stehen, quasi versteckt und deshalb fast unbeachtet von der Öffentlichkeit, ==Ritterrüstungen==, Folterinstrumente und Waffen, liebevoll poliert und imposant fast in Greifnähe. Sie sind nicht Teil der Schlossausstellung, aber wer die Dame hinter der Kasse ganz lieb fragt, den begleitet ein Angestellter des Schlosses hinunter in diese spannende, heilige Halle. Wer also ein Kind im Alter der Ritter-Vergötterung hat, der muss den heimlichen Keller des Bergedorfer Schlosses gesehen haben.

TIPP: Im Park vor dem Schloss gibt es einen sehr schönen Spielplatz, ein einladendes Café – und jede Menge Platz zum Rennen.

Adresse Bergedorfer Schlossstraße 4, 21029 Hamburg-Bergedorf // **ÖPNV** S 2 und S 21, Haltestelle Bergedorf // **Öffnungszeiten** Di – So 11 – 17 Uhr // ab vier Jahre

91_ DER SKATER-PARKPLATZ

Da rollt was

Nirgends ist die Skaterkultur so ausgeprägt wie in der Großstadt – und nirgends ist gleichzeitig der Raum dafür so rar. Die Straßen sind für Autos und allenfalls Fahrräder reserviert. Wer mal versucht hat, auf Hamburger Fußwegen zu skaten, der hat viel gelernt über Baumwurzeln, gepflasterte Einfahrten und Schlaglöcher. Also bleiben in Hamburg nur institutionalisierte Flächen, der Alte Elbtunnel – oder Parkplätze, die am Wochenende leer stehen. So kann man auf so manchem Möbelhaus-Areal an den Sonntagen eine kleine Community beobachten, die sich Helm, Ellenbogenschutz und Skates anzieht und dann losheizt.

Zum Beispiel in Schnelsen. Zwar hört man den nicht abreißenden Autostrom der Autobahn bis hier, und unter der Woche ist die Parkfläche des schwedischen Möbelriesen oft bis auf den letzten Platz besetzt. Aber am Sonntag verirrt sich kaum jemand in dieses Niemandsland zwischen Autobahnabfahrt und Ortseingang. Das haben auch die Kids entdeckt – und die, die es geblieben sind. Hier haben sie eine großzügige Runde von mehreren hundert Metern, genug Parkbuchten, um sich nicht in die Quere zu kommen, sauber gegossenen Straßenbelag – und Gleichgesinnte. Also trifft sich vom BMX-Fahrer bis zum Longboard-Könner alles, was einen Helm trägt, und genießt die Freiheit.

Wenn es unter der Woche mal leer ist, ist auch das Parkhaus beliebt. Da aber gilt die Skater-Ehrenregel: Der Security-Dienst hat immer das Sagen. Deswegen bleibt der Sonntag der Haupttag der Pilgerfahrt nach Schnelsen, oder sollten wir sagen Schnelzzen?

Adresse Wunderbrunnen 1, 22457 Hamburg-Schnelsen // ÖPNV U 2, Haltestelle Niendorf Markt, von da Bus 191, Haltestelle Eisenhansweg // Öffnungszeiten nur machbar, wenn das Möbelhaus geschlossen ist – also sonntags // ab zwölf Jahre

TIPP: Im Winter liegt die Eisbahn Stellingen nah, Haltestelle Hagenbecks Tierpark. Dann ist Gleiten statt Rollen angesagt.

92_DAS SPIEGEL-GEBÄUDE

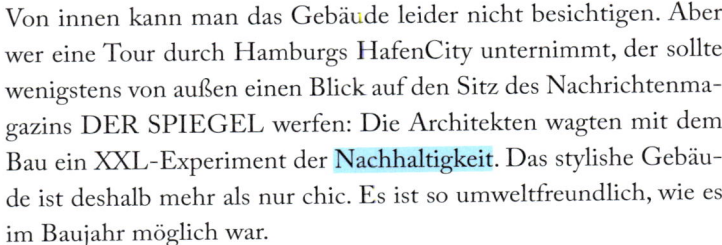

Die Speerspitze der Geothermie

Von innen kann man das Gebäude leider nicht besichtigen. Aber wer eine Tour durch Hamburgs HafenCity unternimmt, der sollte wenigstens von außen einen Blick auf den Sitz des Nachrichtenmagazins DER SPIEGEL werfen: Die Architekten wagten mit dem Bau ein XXL-Experiment der Nachhaltigkeit. Das stylishe Gebäude ist deshalb mehr als nur chic. Es ist so umweltfreundlich, wie es im Baujahr möglich war.

Allein die Dimensionen sind erstaunlich. Das Haus hat 13 Stockwerke und 30.000 Quadratmeter Fläche! Das hieß für die Planer: Wer da nachhaltig sein wollte, musste neue Wege gehen. Auf dem Dach ruht eine Fotovoltaikanlage, auch sonst wird nur grüner Strom bezogen. Oder die Toiletten: Wer es ernst meint mit Nachhaltigkeit, der verschwendet für die Spülung kein wertvolles Trinkwasser. Eine Regenwasseranlage ermöglicht die Nutzung der Niederschläge, die Urinale im Gebäude arbeiten ganz und gar wasserlos. Nicht mal eine Campingtoilette ist grüner!

Auf Heizkörper wurde hier gleich ganz verzichtet. Stattdessen erledigen eine hinterlüftete Doppelfassade mit integriertem Sonnenschutz, Heiz- und Kühlsegel an der Decke jedes Büros sowie eine Geothermieanlage den Job. So soll der Energieverbrauch bei weniger als 100 Kilowattstunden pro Quadratmeter liegen – im Jahr.

Kleine Randnotiz: Berühmt wurde das alte SPIEGEL-Gebäude unter anderem für die Kantine des Kult-Designers Verner Panton. Ausgewählte Stücke des Restaurants wurden für eine Cafeteria im fünften Stock des Hauses wiederverwendet. Der Rest lässt sich im Museum für Kunst und Gewerbe besichtigen.

Adresse Ericusspitze 1, 20457 Hamburg-HafenCity // **ÖPNV** U 1, Haltestelle Meßberg, danach etwa zehn Minuten Fußweg // ab acht Jahre

TIPP: Das Schokoladenmuseum Chocoversum liegt fünf Minuten entfernt (Meßberg 1).

93_DER SPIELPLATZ AM GROSSEN GRASBROOK

Wo Stadtplaner alles richtig gemacht haben

Ach, irgendwie klingt es ja auch erst mal immer nach Brache, steriler Architektur und Reißbrett, wenn neue Stadtviertel entstehen. Umso wuchtiger trifft Besucher die Schönheit von Locations, bei denen Planer alles richtig gemacht haben. Beispiel? Die HafenCity, denn hier ist wirklich vieles mehr als gut gelaufen – auch aus Kinderaugen betrachtet. Der Spielplatz gilt vielen Besuchern als der schönste der Stadt.

Statt nämlich ein paar Geräte in irgendeiner Baulücke zu verstecken, um eine Quote zu erfüllen, hat man einen Spielplatz geschaffen, der die (zugegeben majestätische) Umgebung zur Kulisse degradiert. Ein XXL-Areal, das am Boden und auf Gerüsten bespielt werden kann, das ist wunderschön anzusehen für die Erwachsenen. Und ein sehr großes Spielvergnügen für die Kinder.

Auf der Elbe schieben sich Kreuzfahrt- und Containerschiffe an der HafenCity vorbei, vor dieser Kulisse ist ein maritimer Spielplatz natürlich fast zwingend. Die Kletterstiege machen ihn auch für ältere Kinder spannend, ebenso wie das Trampolin. Aber sogar Erwachsene finden hier Trimmgeräte, nur Zugucken gilt nicht! Auch wenn das verlockend wäre: Das Gastro-Angebot drum herum ist so reich, da bleibt man gern noch ein halbes Stündchen länger, denn eine Stärkung findet man auf jeden Fall.

> **TIPP:** In Sichtnähe liegt die Firmenzentrale des Unilever-Konzerns. Ihre Terrasse ist auch für Externe offen und beherbergt ein hübsches Café!

Adresse Großer Grasbrook, 20457 Hamburg-HafenCity // **ÖPNV** U 4, Haltestelle Überseequartier // **Öffnungszeiten** immer zugänglich // ab einem Jahr

94_ DIE SPIELSCHEUNE DER GESCHICHTEN

Toben und zuhören: Der Mix macht's

Auch wenn das Wort es nicht vermuten lässt: Gerade die Großstadt ist oft viel zu klein für Kinder. Denn längst hat der Verkehr Raum zum Toben verdrängt. Als eines von vielen Gegenmitteln gibt es die SpielScheune der Geschichten in Neuallermöhe. Ein monströses Gebäude mit Lagerhallen-Chic, das im Inneren ein Kindertraum ist: klettern, toben, hüpfen, rollen und springen … bis man umfällt? Nö. Bis eine Geschichte erzählt wird.

Klingt erst mal widersinnig, ist aber ein durchdachtes Angebot: Mehrmals am Tag geht eine Erzählerin oder ein Erzähler durch die Halle, einen lauten Gong schlagend, und sammelt die Kinder ein, die in einen Nebenraum folgen. Das hat was vom Rattenfänger von Hameln und auch etwas Kurioses, denn wenn die Kinder in der Halle toben, dann ist das seeeehr laut. Kaum verlassen sie den riesigen Hauptraum, werden sie seeeehr still.

Dann setzen sie sich auf kuschelige, orientalisch angehauchte Bodenkissen, halten die Augen auf den Sessel am Kopf des Raumes geheftet und: lauschen. Da sitzt der Erzähler oder die Erzählerin, dem die SpielScheune der Geschichten ihren zweiten Namensteil verdankt, und erzählt ein Märchen (es wird nicht vorgelesen!). Eines, das man noch nicht kennt und bei dem Kinder oft auf Fragen antworten dürfen.

Mit neuer Energie verlassen sie den Raum, um den XXL-Parcours der Halle zu betoben oder den Plastik-Vulkan hochzukraxeln. Oder draußen auf dem Trampolin zu springen. Ach, es gibt viele Möglichkeiten. Vielleicht nicht 1001 – aber genug, um einen Spitzentag hier zu verbringen.

Adresse Marie-Henning-Weg 1, 21035 Neuallermöhe // **ÖPNV** S 21, Haltestelle Allermöhe, dann Bus 12, Haltestelle Marie-Henning-Weg // **Öffnungszeiten** Di–Fr 9–19 Uhr, Sa, So und Feiertage 10–19 Uhr // ab drei Jahre

TIPP: In Autonähe verläuft die Dove Elbe, ein 18 Kilometer langer Nebenarm der Elbe. Ein beliebtes Paddelrevier, zu dem ein Ausflug lohnt!

95__DAS SPUKHAUS AM ALSTERWANDERWEG

Filmkulisse wider Willen

Liebe Kinder, bitte nicht nachmachen. Denn dieses Haus ist für etwas bekannt, das streng (und lax) genommen illegal ist: Horden von Heranwachsenden drehen hier Spuk-Videos, die sie dann im Bekanntenkreis teilen. Verständlich, denn viel gruseliger könnte auch eine Location für einen David-Lynch-Movie kaum sein.

Mitten am Alsterwanderweg taucht es auf, und die Zeichen jahrelanger Verwahrlosung sind offensichtlich: Die Bausubstanz des zweiteiligen Ensembles zeugt davon. Aber auch eine abgerissene Klingel am Tor, mehrfach niedergetretener Stacheldraht und ein namenloser Briefkasten, in dem sich braune Plastikbeutel mit Hundekot sammeln, sind stumme Zeugen des Verfalls. Die Gründe? Unklar. In Hamburg werden Missstände für gewöhnlich schnell ausgeräumt, Generationen von Kaufleuten haben eine Tradition geschaffen, in der leer stehende Grundstücke so schnell wie möglich einer neuen Nutzung dienstbar gemacht werden. Denn: Irgendeiner bietet immer genug Geld. Wenn wirklich mal was verfällt, steht ein Spekulant dahinter.

Hier allerdings ist der Verfall ungewohnt weit fortgeschritten, ein Abriss wäre wohl schon vor Jahren plausibel gewesen, und so bietet doch eine Spukgeschichte die willkommene Lösung: Eine Seele ist hier gefangen, und wer immer das Haus kaufen wollte, wurde von ihr davongejagt. Und das, das wäre doch auch wieder ein Aufhänger – nicht nur für eine Gruselwanderung am Haus vorbei, sondern auch für einen Film.

Adresse Alsterwanderweg, Nähe Gundlachs Twiete, 22391 Hamburg-Wellingsbüttel // ÖPNV S 1, Haltestelle Kornweg, danach zehn Minuten Fußweg // Öffnungszeiten Gar nicht. Nur gucken, nicht reingehen! // ab zehn Jahre

TIPP: Das Torhaus in Wellingsbüttel ist ein beliebtes Ausflugsziel für Kaffeetrinker und Kuchenesser (Wellingsbüttler Weg 75).

96_ DAS STADTPARK-FREIBAD

Mit Kormoranen kraulen

Was eigentlich macht ein schönes Schwimmbad aus? Kommt drauf an! Ob man seinen Beachbody herzeigen möchte. Oder Action mit Rutschen sucht. Oder Wellness. Für all diese Zwecke ist der Stadtparksee nichts. Aber wer ein einmaliges Stück Natur in der Großstadt sucht, gepaart mit der unverfälschten Schönheit eines Schwimmbads, wie unsere Eltern es noch kannten, der wird den Stadtparksee lieben.

Denn er ist eine der Perlen dieser Stadt. Allein die Lage mitten im Stadtpark! Hierher verirren sich kaum Touristen, deswegen ist das Bad auch an heißen Tagen nur selten überfüllt. Das Stadtpark-Freibad ist, wie der Name ja schon vermuten lässt, ein Naturbad, das nur durch eine Mauer vom Stadtparksee getrennt ist. Das Wasser stammt direkt aus der Alster (wird aber natürlich gefiltert). Mit einer Wasserfläche von 107 mal 138 Metern ist es das größte Freibad der Stadt – und mit der Natur im angrenzenden See das vielleicht spannendste. Hier kann man Karpfen, Kormorane oder Enten beobachten, schwimmt mit Blick ins Grüne – und geht ohne Chlorgeruch um sich herum nach Hause. Für Kleinkinder gibt es einen Planschbereich und einen kleinen Strand. Nur Algen im Wasser dürfen einen nicht stören, die sind Teil all der Natur um einen herum.

> **TIPP:** Der Stadtpark hält unzählige Highlights für Kinder bereit. Wer Kleinkinder hat, wird schon im Planschbecken (in Laufnähe vom Stadtparksee) happy. Das ist gratis und hat ebenfalls einen Kiosk im Rücken.

Adresse Südring 5b, 22303 Hamburg-Winterhude //
ÖPNV U 3, Haltestelle Borgweg, Bus 179, Haltestelle
Stadtpark, oder U 1, Haltestelle Hudtwalckerstraße //
Öffnungszeiten Mo – So 11 – 20 Uhr // ab zwei Jahre

97_DIE STERNWARTE BERGEDORF

Ein Oldtimer mit Charme

Im Jahr 1912 war die Bergedorfer Sternwarte wahrhaftig die modernste ihrer Art. Und auch wenn sie diese Stellung schon lange abtreten musste: Heute ist sie eine Schönheit. So ähnlich wie ein Oldtimer: Das mit der modernsten Technik überlassen die Bergedorfer heute anderen. Dafür staunt man nun, und das geht schon sehr gut mit Teenagern, über das, was vor mehr als einem Jahrhundert als ein Wunder der Technik und Forschung galt: Denn auch wenn die Sternwarte nicht mehr »modern« ist: Sie ist noch immer faszinierend.

Also auf nach Bergedorf, wo über eine weiträumige Anlage verstreut die verschiedenen Gebäude der Sternwarte liegen. Schon von außen sind sie echte Besonderheiten mit ihren Kuppeln, die man sonst nur von Kirchen kennt. Fast, als guckte man hier nicht nur in die Sterne, sondern als wäre die Sternwarte selbst von einem anderen Planeten hierhergeplumpst. Ein Planetenpfad durch den Park schenkt buchstäblich im Vorbeigehen Einsichten in unser Sonnensystem. Die Teleskope im Inneren der Gebäude haben ihre Bedeutung für die Wissenschaft längst verloren – dafür ist es in Hamburg, das als Großstadt viel Lichtsmog produziert, ja sowieso viel zu hell. Aber ein Abenteuer sind sie allemal: Weil sie noch immer vermitteln, wie groß die Faszination der Sterne ist. Wie unsere Vorfahren sich Wissen angeeignet haben. Und was für ein kleiner Teil des Universums wir doch eigentlich sind.

TIPP: Das Bergedorfer Gehölz (Reinbeker Weg) ist ein sehr schöner, ursprünglicher Wald und ideal zum Austoben.

Adresse Gojenbergsweg 112, 21029 Hamburg-Bergedorf, Eingang Besucherzentrum: August-Bebel-Straße 196, 21029 Hamburg-Bergedorf // **ÖPNV** S 2 und S 21, Haltestelle Bergedorf, Bus 332, Haltestelle Justus-Brinckmann-Straße // **Öffnungszeiten** Sa, So 10–18 Uhr // ab zwölf Jahre

98_DIE ST. GEORG

*Auf dem ältesten Dampfschiff Deutschlands
die Alster entlang*

Sosehr wir unsere Kinder auch lieben: Es gibt unbestritten Alters-
phasen, in denen die lieben Kleinen nur schwer für Ausflüge zu begeistern sind. So ist eine Alsterrundfahrt für uns Erwachsene ein
Entspannungs-Knaller – aber unter dem strengen Blick eines Kin-
des kann sie zu einer Stunde Ödnis gerinnen. Dagegen gibt es ein
Mittel: die St. Georg. Denn sie ist ein echtes Dampfschiff. Hier gibt
es viel zu gucken, sogar unten im Maschinenraum!

Die alte Dame hat viel erlebt: 1876 gebaut, war sie erst in Hamburg, dann in Berlin auf der Havel und sogar auf dem Wannsee unterwegs. Dort aber zum Motorschiff umgebaut! Seit geraumer Zeit
tuckert sie nun wieder über die Alster, denn ein Verein hat sie wie-
derherrichten lassen.

So, und wem das mit dem Stadt-Gucken zu langweilig ist, dem
öffnet die St. Georg ihren Maschinenraum, wo man sich die Technik aus den 1920er Jahren angucken und vom Maschinisten erklären
lassen kann. Hier wurde nachgerüstet, die Teile stammen im Original
von einem anderen Schiff.

Runter geht es durch eine enge Luke, über wenige Sprossen einer Metallleiter. Und schon steht man mitten im Schiffsbauch, kaum
Raum über dem Kopf, aber ordentlich Lärm in den Ohren. Hier re-
gelt der Maschinist das Tempo der St. Georg. Der Kapitän lenkt nur!
Von ihm kommen aber die Anweisungen, über ein Sprachrohr, denn
nicht mal Funk gibt es hier. Gemütlich ist das Mitgucken übrigens
schon – nur nicht im Hochsommer. Da peitscht es die Temperaturen
im Maschinenraum bis auf über 60 Grad hoch. Aber im Frühling
bleibt es auch unter Deck kinderfreundlich warm.

Adresse Jungfernstieg, Anleger 4, 20354 Hamburg-Neustadt // **ÖPNV**
U 2, U 3, U 4 sowie S 1, S 2, S 3, Haltestelle Jungfernstieg // **Öffnungszeiten**
Abfahrtszeiten: unter www.alsterdampfer.de // ab acht Jahre

TIPP: Am Gänsemarkt lohnt ein Blick in die Finanzbehörde. Ein unfassbar schönes altes Gebäude – mit Paternoster.

St. Georg

99 _ DIE STREET-ART IM KAROVIERTEL

Kunst aus der Dose

Ist das eigentlich erlaubt? Vielleicht. Manchmal. Ach, wer will das schon wissen, denn gucken und bewundern, das ist auf jeden Fall drin. Solange man selber nicht sprüht, ist man auf der sicheren Seite. Zumal laienhafte Werke hier echt deplatziert wären. Wer sich für Street-Art begeistert, muss unbedingt einen Bummel durchs Karoviertel machen. Vielleicht nirgendwo sonst in Hamburg gibt es auf so engem Raum so viel Buntes zu sehen wie zwischen Messe und Schanze.

Und da das Viertel sowieso einen Trip wert ist, wegen seiner kleinen Boutiquen, netten Cafés und weltoffenen Atmosphäre, hat man gleich zwei Gründe. An beinahe jeder Fassade findet sich Kunst aus der Dose, und das so meisterhaft, dass sie die Bezeichnung wirklich verdient hat. Figuren, Comics, Paste-Ups, Großformate. Ganze Fassaden wurden hier gestaltet, aber auch superoriginelle Kleinigkeiten hinterlassen: einfach die Augen offen halten. Mal überrascht ein Hund lebensecht in Fußnähe, dann wieder eine Comicfigur weit über Kopfhöhe. Merke: Wo eine Spraydose ist, muss meist eine Leiter sein.

Besonders in den Gängen, die in die geschlossenen Hinterhöfe führen, sind liebevolle Werke zu sehen, also nicht vergessen, auch hier immer ein paar Schritte ins Halbdunkel zu wagen. Hier gucken kleine Kinder wahrscheinlich unbefangen begeistert – und selbst schon zeichnende Cracks voller Ehrfurcht auf die Werke international bekannter Vorbilder. Das Leben ist bunt!

TIPP: Das Mangold Café (Ölmühle 30) ist sehr zwanglos und hat superleckeres Essen. Direkt davor liegt ein Spielplatz.

Adresse am besten mit der U 3 bis Feldstraße, von dort geht es nach wenigen Schritten ins Karoviertel // ÖPNV U 3, Haltestelle Feldstraße // Öffnungszeiten jederzeit zugänglich // ab sechs Jahre

100_DIE SÜLLDORFER KIESGRUBE

Kein Auto, nirgends

Es ist ein bisschen hip, die Kindheit von heute mit der von früher zu vergleichen. Quintessenz des Vergleichs oft: »Ach, damals war alles besser.« Also machen wir Eltern uns gern auf die Suche nach Orten, die noch so sind, wie wir Natur kannten. Orte, die wirken, als lebten wir nicht 2018, sondern in einer Zeitkapsel, in der alles gut ist. Gar nicht so einfach, zumal in einer Metropole, die sich in den vergangenen 30 Jahren radikal verändert hat.

Aber es gibt sie, diese Orte – die Rissener Kuhle ist einer davon. Neunjährige heizen auf ihren BMX-Rädern durch die Wälder. Kleinkinder versinken in Wiesen, die ihnen buchstäblich über den Kopf wachsen. Ja, es gibt einen großen, gut gemachten Spielplatz inklusive Seilbahn, Volleyballplatz und Grillstellen. Und eine Skatebahn. Allein dieses Areal ist amtliche 24.000 Quadratmeter groß und einen Besuch wert. Aber hier, ganz im Westen der Stadt, ist der Spielplatz trotzdem nur ein Gimmick. Denn vor allem ist das Gebiet eine riesige Naturlandschaft. Bis in die 1970er Jahre wurde hier Kies abgebaut, daher der Name. Heute ist es eine seitdem naturbelassene, wilde grüne Wucht.

So ist das manchmal: In den 1970er Jahren war das für Kinder alles andere als ein Naturerlebnis. Es braucht also keine Zeitkapsel, um mit den Kids in Hamburg glücklich zu sein.

TIPP: Das Zentrum von Sülldorf beheimatet eine hübsche Fußgängerzone inklusive Eiscafé – sehr kinderfreundlich!

Adresse Sülldorfer Brooksweg, 22559 Hamburg-Rissen //
ÖPNV S 1, Haltestelle Rissen, dann 15 Minuten Fußweg
oder Bus 189, Haltestelle Haus Rissen // **Öffnungszeiten**
immer zugänglich // ab null Jahre

101_ DAS THEATER-SCHIFF BATAVIA

Planken, die die Welt bedeuten

Seit Jahrzehnten da – und dennoch ein Geheimtipp: So etwas kann es nur in einer Großstadt geben. Denn die Batavia liegt seit 1974 fest vertäut in der Wedeler Au (fahren kann sie wohl nicht mehr) und dient da allerlei Kunst und Kultur als, genau, Bühne. Seit Jahren wird jeden Sommer »Pippi Langstrumpf« gespielt – und das ist wirklich einen Trip nach Wedel wert.

Denn Kinder lieben Theater! Und Pippi Langstrumpf, diese liebevolle Rebellin, auch. Also schnell online Karten reserviert (es ist oft ausverkauft) und dann Brezel und Limo oder ein Eis im bordeigenen Ausschank gekauft. Bei schönem Wetter wird auf der Bühne vor dem Schiff gespielt, bei Regen geht es an Bord – beides eine umwerfende Kulisse, deren Zauber Erwachsene wie Kinder erliegen.

Die plüschige Gediegenheit eines Großstadt-Varietés darf der Besucher hier nicht erwarten, aber gerade die ungekünstelte Einfachheit macht den Ort so echt. Das hier ist echtes Theater mit knarzender Bühne und (sehr guten!) Laienschauspielern, sichtbaren Umbauarbeiten und ohne Mikros. Trotzdem hört man auch in der hintersten Bierbankreihe alles, und wenn im Spätsommer der letzte Applaus der Nachmittagsvorstellung verklungen ist, geht hinter der Bühne die Sonne unter und taucht die Batavia und die Marsch in ein edles Champagnergold. Wenn die Kinder nun nicht nach Hause wollen – dann sind sie nicht bockig, sondern haben schon gelernt, wie ein Glücksmoment aussieht.

Adresse Brooksdamm, 22880 Wedel // ÖPNV S 1, Haltestelle Wedel, danach etwa zehn Minuten Fußweg, gegenüber vom Batavia-Ankerplatz liegt ein Parkplatz // Öffnungszeiten Spielplan: unter www.batavia-wedel.de // ab drei Jahre

TIPP: Direkt hinter der Batavia beginnt ein Naturschutzgebiet, durch das man herrlich wandern und radeln kann.

102_ DER TIEFBUNKER AM STEINTORWALL

Ein gruseliges Stück Hamburger Geschichte

Man weiß nicht, was gruseliger ist: der historische Hintergrund dieses XXL-Kellergebäudes – oder seine Einrichtung. Fast direkt unter dem Hamburger Hauptbahnhof liegt ein riesenhafter Tiefbunker aus dem Zweiten Weltkrieg, der damals vor Bombenhagel schützen sollte. In den 1960er Jahren wurde er dann umgerüstet und dem neuen, »Kalten« Krieg angepasst. Über 2.500 Menschen hätten im Fall eines atomaren Schlages hier Unterschlupf finden sollen. Gut, nur für zwei Wochen und nach heutigem Wissensstand wohl auch nicht sonderlich sicher, aber vielleicht muss man solche Schutzmöglichkeiten im Rückblick als Teil der psychologischen Kriegsführung betrachten.

Heute ist das labyrinthische Gelände unter dem Herzen der Hansestadt zu besichtigen – drei Etagen, 150 Räume auf über 2.700 Quadratmetern Fläche, Gänge mit einer Länge von bis zu 80 Meter: Die schiere Größe ist einschüchternd. Zwischen 1941 und 1944 hatten Zwangsarbeiter den Bunker errichtet, bei Luftangriffen drängelten sich hier bis zu 6.000 Hamburger und Durchreisende, Zugang fanden sie vom Tor vor dem Hauptbahnhof und von den Bahnsteigen aus.

Die Räume selbst sind beklemmend: monströse Panzertüren, die sich bei Überfüllung der Anlage automatisch schließen konnten. Besteck, das bereitliegt – ohne Messer, wegen der Suizidgefahr. Überall breit an die Wände geschriebene Anweisungen, damit auch Zivilisten den Bunker würden bedienen können. Windige Hochbetten dicht an dicht. Das ist nichts für zarte Gemüter.

Adresse Steintorwall, 20095 Hamburg-St. Georg, am Hauptbahnhof // **ÖPNV** S 1, S 2, S 3, S 11, S 21, S 31 und U 1, U 2, U 3, U 4, Haltestelle Hauptbahnhof // **Öffnungszeiten** nur während Führungen, buchbar über www.hamburgerunterwelten.de // ab zwölf Jahre – schon wegen der gruseligen Geschichte hinter dem Bau

Finger weg
Quetschgefahr

TRAFO-RAU

TIPP: Wenige Gehminuten vom Hauptbahnhof liegen die Deichtorhallen – sie sind berühmt für ihre exzellenten Ausstellungen moderner Kunst und Fotografie. Hingehen!

103_ DER TIERFRIEDHOF IN JENFELD

Ohlsdorf für Vierbeiner

Der Friedhof in Ohlsdorf ist über Hamburgs Grenzen hinaus bekannt, und das zu Recht, denn er ist groß und wunderschön. Was nur wenige wissen: Es gibt ein paar Kilometer entfernt, in Hamburg-Jenfeld, auch einen wunderhübschen Tierfriedhof. Hier kann man mit Kindern einen friedlichen Rundgang zwischen liebevoll gepflegten Grabstellen machen – und ein schwieriges Thema buchstäblich im Vorbeigehen besprechen.

Denn schon wenn es um Haustiere geht, ist für Kinder der Tod ja nicht weniger schlimm als für Erwachsene. Tiere sind oft eine ganze Kindheit lang bester Freund und treuer Begleiter – da kann es nur gut sein, auch der Trauer der Kinder einen Ort zu geben. Und Jenfeld ist dafür ein besonders hübscher Ort. Meist Hunde und Katzen, aber auch mal ein Papagei liegen hier ganz ähnlich wie in Ohlsdorf die Menschen Grab an Grab. Liebevolle Inschriften und geschmackvolle Grabsteine zeugen von der Liebe, die Menschen für ihre Tiere empfinden. Kerzen, Glitzersteine, Blumen und vereinzelt Lieblingsspielzeuge: Tierbesitzer geben sich richtig Mühe, das Andenken an ihre vierbeinigen Freunde in Ehren zu halten.

Und Kinder? Mögen den Ort. Gucken sich Fotos der Haustiere an, stellen Fragen und lernen vielleicht, dass der Tod unvermeidlich ist. Dass es aber besser ist, am Ende des Tierlebens zu trauern, als nie ein Tier zum Freund gehabt zu haben. Statt der Trauer irgendwann auch das Geschenk zu sehen, das das Leben war. Dafür lohnt der Ausflug allemal.

Adresse Barsbütteler Straße 69, 22043 Hamburg-Jenfeld //
ÖPNV Bus 35, Haltestelle Jenfeld Zentrum, danach etwa acht Minuten Fußweg, es gibt einen großen Parkplatz //
Öffnungszeiten immer zugänglich // ab sechs Jahre

TIPP: Das Eiscafé in der Rodigallee 167 ist seit über 50 Jahren ein Insidertipp in Hamburg: Das Eis dort gilt als eines der leckersten in der ganzen Stadt.

104_DIE TÖPFERSTUBE

Kneten für Große

Einen Fehler darf man bei diesem Tipp nicht machen: einfach ins Planten un Blomen gehen und sich dann treiben lassen. Dafür ist diese Parkanlage nämlich erheblich zu riesig. Um die Töpferstube zu finden, muss man in den Bereich der Großen Wallanlagen, direkt gegenüber vom DOM-Gelände. Dort liegt der kleine Bungalow, in dem Kinder töpfern können.

Und natürlich könnte man auch sagen: »Sie lernen dort zu töpfern.« Das können sie, wenn sie mögen, sogar sehr schön, behutsam und kunstvoll. Es gibt Künstler, die hier ihre ersten beeindruckenden Arbeiten gefertigt haben (damals natürlich noch ohne zu wissen, dass sie mit ihrer Begabung mal bekannt werden würden). Aber Kinder dürfen hier in zwangloser Atmosphäre auch einfach vorbeikommen und drauflosformen. Schlangen, Igel, Bären: Ton kennt ja keine Regeln und das Personal der Töpferstube auch nicht. Jeder bekommt Ton, Farbe und – wer mag – Hilfe. So entstehen zu Saisonzeiten zwischen Mai und Ende August unzählige kleine und große Werke, denen eins gemeinsam ist: Es stecken Spaß, Liebe und am Ende Stolz drin.

Ist das Kind zufrieden mit seinem Werk, muss nur der Name in die Standfläche geritzt werden, am Abend werden die Objekte im Ofen gebrannt. Abholen kann man sie drei Tage später. So haben es wohl schon Tausende von tönernen Objekten aus dem Planten un Blomen in die Schubladen und auf die Schreibtische der Republik geschafft. Und wer noch keins hat, der hat mit seinem Kind in Hamburg noch was zu erledigen.

TIPP: Wenn der DOM – so heißt die riesige Hamburger Kirmes – gerade läuft, dann ist natürlich auch das für Kinder ein großer Spaß.

Adresse Große Wallanlagen, Planten un Blomen, 20355 Hamburg-St. Pauli **// ÖPNV** U 3, Haltestelle Feldstraße **// Öffnungszeiten** Mai–Aug. täglich 15–18 Uhr **// ab drei Jahre**

105_ DER TURNSCHUH-BAUM ♡

Sneaker, Sneaker, du musst baumeln

Man muss ihn kennen, um ihn zu finden. Denn auch wenn man direkt unter diesem Baum steht und zufällig hochguckt, kann man sie übersehen: Turnschuhe. Immer im Paar an den Schnürsenkeln zusammengebunden, baumeln sie ganz oben im Wipfel dieses alten Laubbaumes. In einer kleinen, sehr hübschen Gasse des Schanzenviertels steht der alte Baum, den immer wieder Menschen nutzen, um ihr Paar Schuhe über einem seiner Äste zu platzieren, indem sie sie in die Luft schleudern, bis sie hängen bleiben.

Warum sie das tun? Wahrscheinlich sind es romantische Gründe. Eine der Sagen, die sich um die Entstehung des ersten »Shoe Trees« rankt, stammt (man ahnt es) aus den USA. Dort soll ein Paar gestritten haben. Die Frau wollte das Auto verlassen, weswegen ihr Begleiter ihre Sneakers in einen Baum warf. Die Frau blieb, das Glück auch, und als sie Jahre später die gleiche Stelle wieder passierten, sahen sie: Hunderte Paare hatten es ihnen nachgemacht. Nach dem Motto: Wo Sneakers baumeln, da bleibt das Liebesglück gleich mit hängen.

Nun, so weit die Legende, und egal, ob sie stimmt, auf jeden Fall steckt hinter den Schuhen eine Art umgekehrte Souvenir-Kultur: Man nimmt nichts mit von Erinnerungsorten, sondern lässt was da. Egal, ob ein Schloss an einer Brücke, den eingeritzten Namen an der Parkbank oder ein Paar Schuhe an einem Baum. Schön.

> TIPP: Schräg gegenüber befindet sich die Buchhandlung cohen+dobernigg, falls nach dem Schuheschleudern noch romantische Inspiration gesucht wird.

Adresse Augustenpassage, 20357 Hamburg-Sternschanze // **ÖPNV** U 3, Haltestelle Feldstraße // **Öffnungszeiten** frei zugänglich // ab zwölf Jahre

106_DAS WAISENZIMMER IM RATHAUS

Trauriges Schicksal, bewundernswerte Kunst

Das Hamburger Rathaus ist so oder so einen Besuch wert, denn es ist riesig, majestätisch, voller Prunk und Ornamente, und das in 647 Zimmern. Kurz: Es ist eines der beeindruckendsten Bauwerke der Stadt. Wer aber mit Kindern und Jugendlichen hier ist, muss das Waisenzimmer ansehen. Es wurde über fünf Jahre in Hunderten Arbeitsstunden kunstvoll mit Schnitzereien versehen – von Kindern.

Holzvertäfelungen zieren die Wände, aufwendig ornamentierte Bänke stehen davor, schwere, raumhohe Türen verschließen den Durchgang – alles in winziger, sehr feiner Arbeit kunstvoll verziert mit Kerbschnitzereien, wunderhübschen Rosetten und Blütenformen. Sie stammen von 80 Jungen zwischen acht und 14 Jahren. Nicht alle waren Waisen, manche waren Halbwaisen oder stammten aus verarmten Familien. Sie hatten einen Vormund unter den Senatoren oder Bürgerschaftsmitgliedern gefunden, die dem Waisenhaus verbunden waren und die Möglichkeit ersonnen hatten, einen Raum im neuen Rathaus von den Kindern gestalten zu lassen. 1897 war das Rathaus fertig, und das Zimmer, das die Kinder geschaffen hatten, bekam seinen Namen: Waisenzimmer.

Die Jungen, die die Schnitzereien geschaffen haben, taten das nicht als Zwangsarbeiter, sondern als eine frühe Form des Praktikums: Wer sich darin als besonders geschickt erwies, der durfte als Tischler in die Lehre gehen.

> **TIPP:** Im Keller des Rathauses liegt das Restaurant Parlament, das im Sommer auch den ruhigen Innenhof bewirtschaftet. Der ist sehr entspannt mit den Kleinen zu besuchen.

Adresse Rathausmarkt 1, 20095 Hamburg-Altstadt **// ÖPNV** U 3, Haltestelle Rathausmarkt **// Öffnungszeiten** Führungen stündlich Mo–Fr 11–16 Uhr, in den Schulferien schon ab 10 Uhr, Sa 10–17 Uhr, So 10–16 Uhr **//** ab acht Jahre

107_ DAS WANDBILD

Kunst, übermenschlich groß

Zugegeben: Im Sommer ist es nicht nur ein Wandbild, sondern auch ein Suchbild. Es steht nämlich ein riesiger Baum davor. Aber spätestens im Herbst ist das coolste Wandbild der Stadt nicht mehr zu übersehen, wenn man weiß, wo man es findet. Direkt neben der Staatsbibliothek am Unigelände hat der Künstler A. R. Penck, der zeitweise mit Jörg Immendorff arbeitete und aus der DDR ausgebürgert wurde, sich im XXL-Format verewigt.

So ist das Bild mehr als nur ein cooler Anblick; es ist ein Stück <mark>Kulturgeschichte</mark>. Denn derselbe Mann, der in der DDR nicht Kunst studieren durfte, weil er als zu radikal galt, wurde später in Düsseldorf zum Professor berufen und in Hamburg eingeladen, ein großes Zeichen seiner Präsenz mitten in der Stadt zu setzen. Heute hängt eins seiner Werke im New Yorker <mark>Museum of Modern Art</mark>, BMW ließ sich einst ein Auto von ihm gestalten. 2017 starb Penck (was nur ein Künstlername war, eigentlich hieß er Ralf Winkler) in Zürich. Aber seine 25 mal 18 Meter große Spur in Hamburg bleibt. Das Bild mit dem Titel »NÄHE FERN gesehen, FERNE nahgesehen, WELT GESCHEHEN, WELT VERSTEHEN« klingt so ungewöhnlich, wie es aussieht, mit seiner Mischung aus alltäglichen Symbolen, den der <mark>Comic-Ästhetik</mark> entliehenen Figuren und den knalligen Farben. Für Kunstkenner steckt es voller Anspielungen und Inhalte, für Kinder ist es das größte Malbild der Stadt. Beides schön.

> **TIPP:** Der nahe gelegene Bahnhof Dammtor wurde 1903 vor allem für den Empfang von Staatsgästen gebaut und steht unter Denkmalschutz. Hier machten schon Kaiser, Könige und Politiker halt. Coole Location, von der aus man sich zu weiteren Abenteuern aufmachen kann.

Adresse Schlüterstraße 51, 20146 Hamburg-Rotherbaum // **ÖPNV** Bus 102 (Richtung Niendorf-Markt), Haltestelle Staatsbibliothek // ab acht Jahre

108_DIE WERKKISTE

Dieser Laden ist der Hammer!

Wer diesen Tipp nicht irgendwo aufschnappt, wird leider nie auf die Werkkiste kommen. Denn sie liegt gut versteckt in einem Wohngebiet in der Altstadt Altonas. Ab vom Innenhof öffnet sich eine Tür zu dieser faszinierenden Mischung aus Werkstatt und Laden. Denn Kinder können sich hier ganz einfach mit liebevoll ausgesuchten, altersgemäßen Werkzeugkisten ausstatten. Wir sprechen hier nicht über Spielzeug, sondern über echte, erwachsene Werkzeuge, deren Größe auf Kinderhandtauglichkeit geschrumpft wurde.

Dass der Laden von Profis betrieben wird, erkennt man daran, dass jedem Kinder-Werkzeugkasten eine Festhaltezange beiliegt: So können erwachsene oder ältere Helfer den Nagel festhalten, der Richtung Brett gehämmert werden soll. Daumen und Zeigefinger sind dank der Zange safe. Aber klar, auch der Rest der Ausstattung ist genau das Richtige für Kids, die mal auf den Putz hauen wollen.

In den Räumen der Werkkiste können Kinder aber auch werkeln. Die Einrichtung wurde aus Kindergarten-Auflösungen zusammengekauft oder fachmännisch maßgeschneidert: Bis zu zwölf Kinder können an einem riesigen Werktisch zum Beispiel ein Schiff schreinern. Oder einen Roboter oder ein Flugzeug, was ihre Phantasie gerade so vorgibt. Unter Anleitung der beiden Macher fertigen schon Fünfjährige ganz erstaunliche Einzelstücke. Wobei natürlich der Weg das Ziel ist: Die Kleinen sind mit viel Eifer bei der Sache.

Muss man Angst haben um die zarten Finger der Nachwuchs-Tischler? »Das Schlimmste, was hier mal passiert ist, war ein Kind, das in der Pause vom Sofa gerutscht ist«, berichten die Macher. Na, wenn das nicht der Hammer ist.

Adresse Schomburgstraße 87, 22767 Hamburg-Altona-Altstadt // **ÖPNV** Bus 112 bis Haltestelle Große Bergstraße // **Öffnungszeiten** Di–Fr 10–17 Uhr // ab fünf Jahre

TIPP: Am Anfang der Straße, etwa in Höhe Nummer 6, befindet sich ein sehr hübscher Spielplatz.

109_ DAS WILLKOMM HÖFT

Großes Hallo für große Pötte

Dieses Schauspiel gibt es nur in Hamburg! An der Elbe in Wedel sitzt man gemütlich in den Räumen des Schulauer Fährhauses und genießt die frischen regionalen Gerichte oder leckeren Kuchen. Im Schnitt alle zehn Minuten schiebt sich ein riesiges Schiff durchs Elbpanorama. Und was dann in den Gasträumen passiert, das ist Kindern so manchen Begeisterungssturm wert. Denn wann immer sich ein Pott, der größer als 500 Bruttoregistertonnen ist, Richtung Hamburg den Fluss hochschiebt, geht sie los, die Begrüßungszeremonie, die dort seit 1952 abgespult wird!

Zuerst: Musik, klar, unter anderem das Hammonia-Lied, die alte, inoffizielle Hamburg-Hymne, die wahrscheinlich die wenigsten der Seeleute kennen, die sie zu hören bekommen. Dafür aber die Hamburger Gäste! Dann werden die Besatzungen auf Deutsch und in ihrer Landessprache begrüßt, per Lautsprecheranlage. Und zum Schluss folgt die Landeshymne des Schiffes.

Heidewitzka, da lernen Kinder gleich einen ganz neuen Berufswunsch kennen, nämlich Begrüßungskapitän. Dass der Arbeitsmarkt diesbezüglich eng ist, es gibt weltweit nur den einen, muss man ihnen ja nicht gleich sagen. Und dann schmettert der Kapitän immer noch alles Mögliche an nautischem Know-how über die Pötte hinterher: Größe, Verdrängung, Werft, Geschwindigkeit, Leistung. Sozusagen ein bisschen Ingenieurswissenschaft, interessant verpackt. Aber das Wichtigste ist wahrscheinlich, dass man hier mit seinen Kindern ungezwungen sehr lecker essen kann. Und sieht, was Hamburg so schön macht: die Elbe mit all ihren Schiffen. Ahoi!

Adresse Parnaßstraße 29, 22880 Wedel // **ÖPNV** S 1, Haltestelle Wedel, dann Bus 189 Richtung Blankenese bis Wilkomm Höft; oder zu Wasser – mit dem Halunderjet, der Fähre oder dem Elbhüpfer // ab sechs Jahre

Willkomm-Höft
Welcome-Point

TIPP: Eine Viertelstunde entfernt liegt das »28 Grad« – eine herrliche Beachbar, in der die Kinder im Sand buddeln können.

110_ DAS WISCHCENTER

Ist das Kunst oder einfach jeck?

Wer auf der Grindelallee in Richtung Norden unterwegs ist, kann diese Attraktion glatt übersehen. Denn erstens ist sie sehr unauffällig. Und zweitens – was soll das eigentlich sein? Zwei Schaufenster, die nichts verkaufen, sondern seltsame Erfindungen zeigen? An denen außen Knöpfe installiert wurden, mit denen man in ihrer Auslage Dinge in Gang setzen kann? Bei Drucklegung dieses Buches waren das: Lichter. Ein Miniaturmotorrad, das im Kreis fährt. Und aufblinkende Leuchtschriften.

Wie auch immer man das einzigartige Werk korrekt bezeichnen oder kategorisieren würde: Diese beiden Fenster sind auf jeden Fall das Werk eines offensichtlich sehr kreativen Tüftlers. Er selbst nennt diese kleine Spielerei »Wischcenter« und ergänzt dazu: »Institut zur Gegenwartsbewältigung«.

Immerhin, die Skurrilität hat also einen Namen. Eine ausufernde oder auch nur knappe Interpretation seines Werks drängt sein Macher uns da auch nicht auf. Ach, was soll's, Kindern macht das Ganze jedenfalls ganz unpolitisch viel Spaß, weil man erstens etwas drücken kann und sich dann zweitens etwas bewegt. Vielleicht aber ist das Schönste, dass Kinder sich in diesem kleinen Stück Gegenwartskunst wiedererkennen können: Es kommt so unerwartet und ungezwungen daher. Und seinetwegen ist Trödeln plötzlich erlaubt. Aus Kindersicht ist das Wischcenter die Pfütze 3.0. Ein Happening, das auch den Eltern ein bisschen Denkarbeit aufgibt und deswegen glatt als Familienspaß durchgeht. Ach so, manche sagen: Wer diese Fenster nicht kennt, der kennt Hamburg nicht.

TIPP: In der gleichen Straße, Haus Nummer 168, befindet sich der Fahrrad-Gebrauchtmarkt – seit 20 Jahren eine gute Adresse für Schnäppchen und Oldtimer.

Adresse Grindelallee 147, 20146 Hamburg-Rotherbaum // **ÖPNV** Bus 5, Haltestelle Grindelhof,
danach wenige Minuten zu Fuß // **Öffnungszeiten**
immer zugänglich // ab zwei Jahre

WISCHCENTER
EXPERIMENTALSTUDIO

111_ DAS ZOOLOGISCHE MUSEUM

Kinder, geht zu den Walen!

Schon wieder so ein Ort, an dem Kinder leise sein sollen. Dabei ist dieses Gebot manchmal echt unlogisch. Im Kunstmuseum zum Beispiel, wo doch die Bilder ohnehin keine Ohren haben. Aber, pssst!, hier macht das wirklich Sinn. Weil: Dieser Kinder-Knaller ist mitten in der Uni. Und nicht nur kleine Menschen lernen in diesem Museum. Sondern auch die Studenten. So kann es vorkommen, dass die ganze Familie ehrfürchtig an einem Biologie-Seminar vorbeischleicht, um zu Okapis oder Singvögeln zu gelangen.

Das Zoologische Museum befindet sich mitten im Lehrstuhl für Biologie, in einem Betongebäude, auf das das Wort Zweckbau passt wie Nutella aufs Brot. Aufstieg über schmucklose graue Stufen aus Waschbeton, das Gebäude öffnet sich zum Aufenthaltsraum hin – stilecht mit Kaffeeautomat in der Ecke. Rechts geht's zu den Tieren, und wer hier eintritt, gelangt in eine andere Welt. Eine Welt, in der das früher berühmte NDR-Walross »Antje« dir tief in die Augen blickt, als wollte es gleich wieder losrobben. In der Braunbär und Grizzly furchteinflößend und doch friedlich nebeneinanderstehen. Und in der der Mensch als das gezeigt wird, was er biologisch ja ist: ein winziges Säugetier, jedenfalls verglichen mit dem Pottwal, neben dem sein Skelett hier baumelt. Auf den 2.000 Quadratmetern haben die Verantwortlichen alles versammelt von Käfer bis Nashorn. Eine liebevoll kuratierte und hoch lehrreiche Institution – in der übrigens laute Ausrufe des Staunens doch erlaubt sind. Denn sosehr den Studenten der Kopf auch rauchen mag: Die Begeisterung der Kinder gilt ihrem Fach, und schöner kann studieren wohl nicht sein.

Adresse Martin-Luther-King-Platz 3, 20146 Hamburg-Rotherbaum // ÖPNV Bus 5, Haltestelle Grindelhof, danach wenige Minuten Fußweg // Öffnungszeiten Di–So 9–17 Uhr // ab drei Jahre

TIPP: Im Grindel-Viertel, Allende-Platz 3, lohnt sich ein Besuch im Abaton-Kino. Gemütlich, nostalgisch, schön – auch mit Kindern.

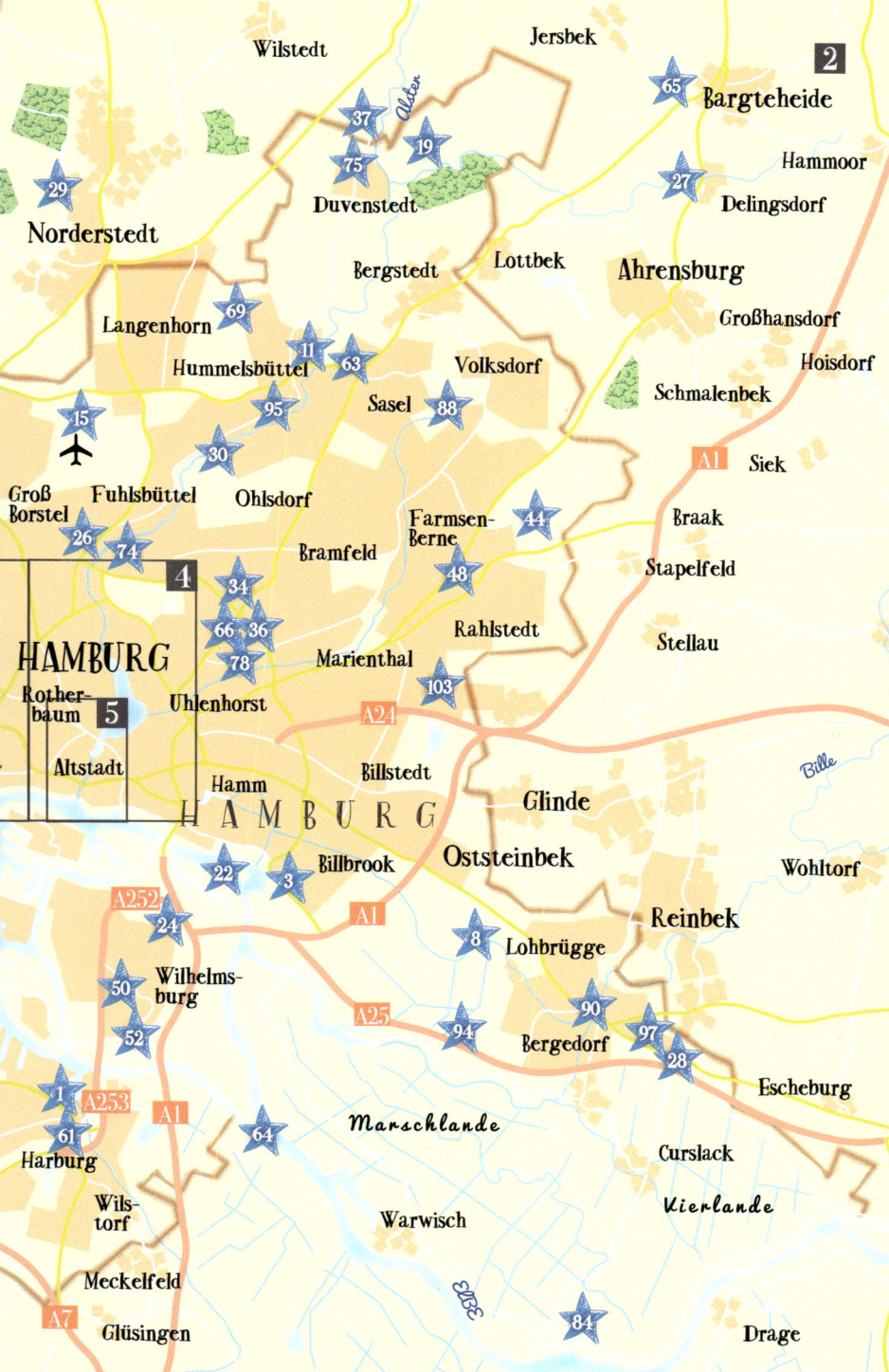

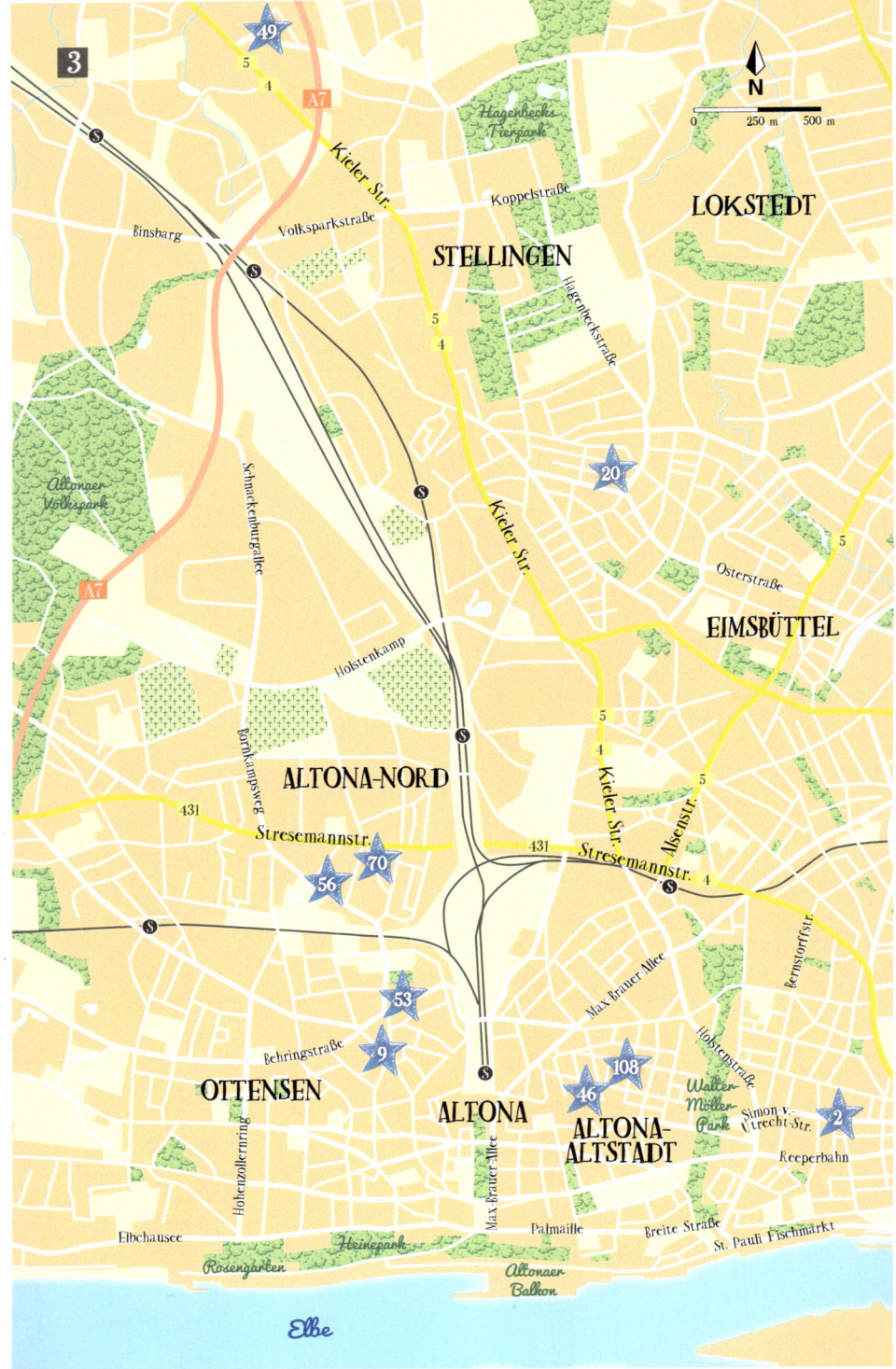

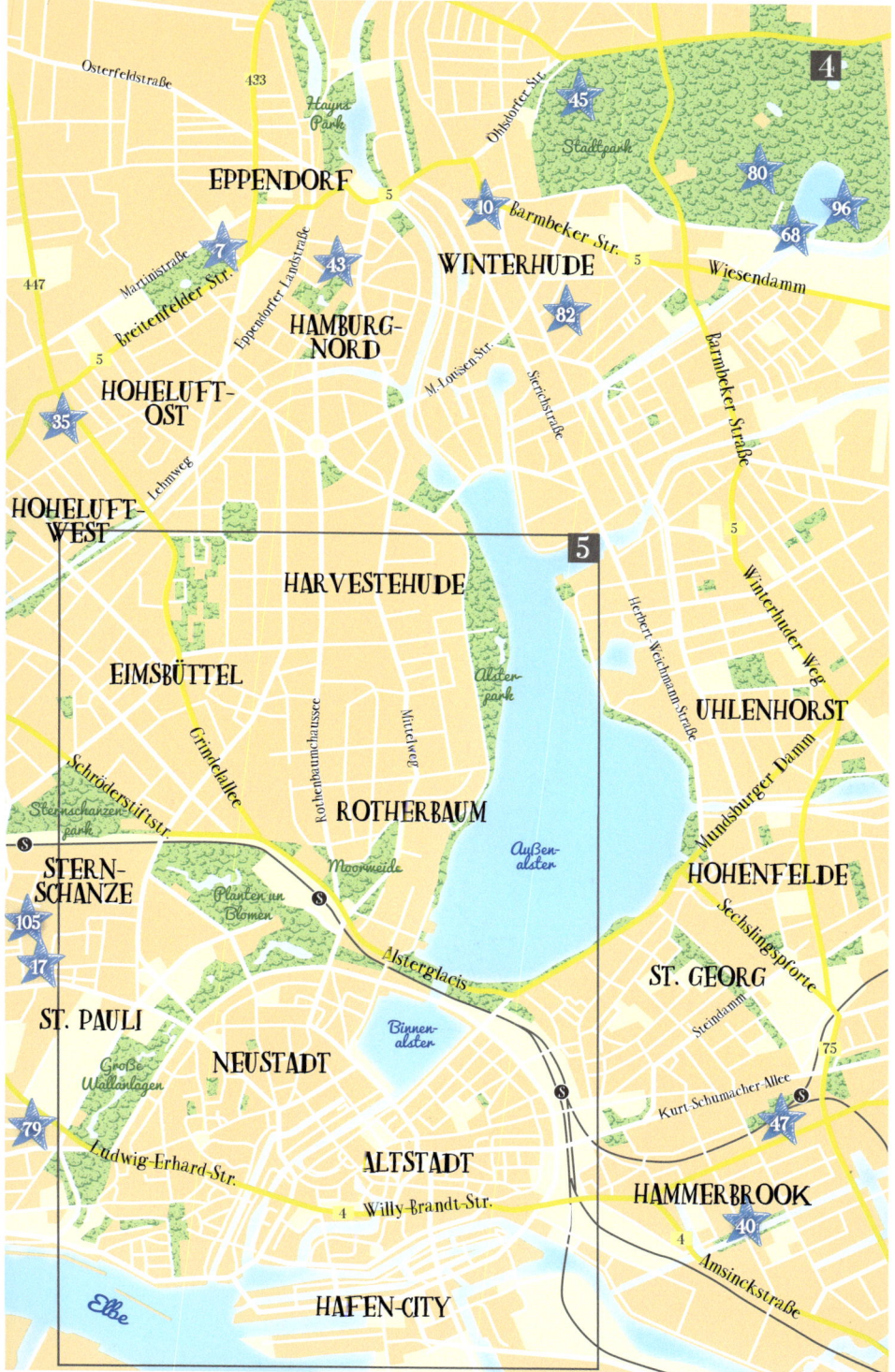

Christina Bacher,
Norbert Breidenstein
**111 Orte für Kinder in Köln,
die man gesehen haben muss**
ISBN 978-3-7408-0332-2

Isa Grütering, Natascha Korol,
Theresia Koch
**111 Orte für Kinder in Berlin,
die man gesehen haben muss**
ISBN 978-3-7408-0251-6

Cornelia Kuhnert,
Günter Krüger
**111 Orte für Kinder in und um Hannover,
die man gesehen haben muss**
ISBN 978-3-7408-0333-9

Rike Wolf
111 Orte in Hamburg, die uns Geschichte erzählen
ISBN 978-3-95451-418-2

Rike Wolf
111 Orte in Hamburg, die man gesehen haben muss
ISBN 978-3-89705-916-0

Norbert Ney, Sonja Bergot
111 Orte in Ostfriesland, die man gesehen haben muss
ISBN 978-3-95451-828-9

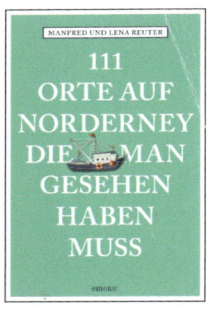

Manfred Reuter, Lena Reuter
111 Orte auf Norderney, die man gesehen haben muss
ISBN 978-3-7408-0130-4

Maren Kaschner, Anselm Neft
111 Orte auf Rügen, die man gesehen haben muss
ISBN 978-3-95451-837-1

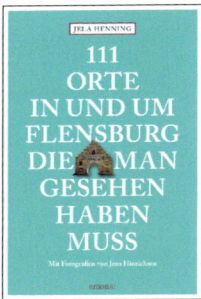

Jela Henning, Jens Hinrichsen
111 Orte in und um Flensburg, die man gesehen haben muss
ISBN 978-3-7408-0241-7

Jochen Reiss
111 Orte in Kiel, die man gesehen haben muss
ISBN 978-3-95451-705-3

Alexandra Schlennstedt, Jobst Schlennstedt
111 Orte an der Ostseeküste, die man gesehen haben muss
ISBN 978-3-89705-824-8

Alexandra Schlennstedt, Jobst Schlennstedt
111 Orte an der Ostseeküste Mecklenburg-Vorpommerns, die man gesehen haben muss
ISBN 978-3-95451-332-1

Vito von Eichborn
111 Orte zwischen Lübeck und Kiel, die man gesehen haben muss
ISBN 978-3-95451-339-0

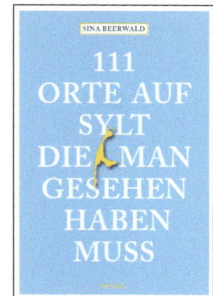

Sina Beerwald
111 Orte auf Sylt, die man gesehen haben muss
ISBN 978-3-95451-511-0

Sina Beerwald
111 Orte auf Sylt, die Geschichte erzählen
ISBN 978-3-7408-0120-5

Alexandra Schlennstedt, Jobst Schlennstedt
111 Orte in der Lüneburger Heide, die man gesehen haben muss
ISBN 978-3-95451-844-9

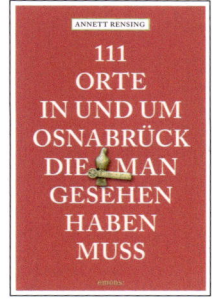

Annett Rensing
111 Orte in und um Osnabrück, die man gesehen haben muss
ISBN 978-3-7408-0239-4

Jacek Auerbach
111 Orte in Oldenburg, die man gesehen haben muss
ISBN 978-3-7408-0249-3

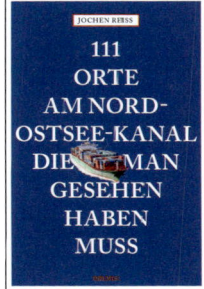

Jochen Reiss
111 Orte am Nord-Ostsee-Kanal, die man gesehen haben muss
ISBN 978-3-7408-0133-5

Jan Gralle, Vibe Skytte, Kurt Rodahl Hoppe
111 Orte in Kopenhagen, die man gesehen haben muss
ISBN 978-3-7408-0243-1

Jochen Reiss
111 Orte in und um Göttingen, die man gesehen haben muss
ISBN 978-3-7408-0240-0

Die Autorin

Daniela Clément ist Redakteurin und Texterin – und ist 14-mal umgezogen im In- und Ausland. Erst aus Hamburg wollte sie nie wieder weg. Sie findet: Das Einzige, was schöner ist als Hamburg, ist Hamburg mit Kindern.